商业常识中的艺术和灵魂

[美] 托利 R. 兹威格 / 著

马香琳 / 译

南方日报出版社
NANFANG DAILY PRESS
中国 · 广州

图书在版编目（CIP）数据

商业常识中的艺术和灵魂 /(美)托利 R·兹威格编著；马香琳译 .—广州：南方日报出版社，2018.3

ISBN 978-7-5491-1799-4

Ⅰ．①商… Ⅱ．①托… ②马… Ⅲ．①商业经营－案例 Ⅳ．①F715

中国版本图书馆 CIP 数据核字（2018）第 035306 号

SHANGYE CHANGSHI ZHONG DE YISHU HE LINGHUN
商业常识中的艺术和灵魂

编　　者：[美] 托利 R·兹威格
译　　者：马香琳
出版发行：南方日报出版社
地　　址：广州市广州大道中 289 号
出 版 人：周洪威
责任编辑：杨柳青
责任校对：斐晓倩
责任技编：王　兰
装帧设计：广州市岭美彩印有限公司
经　　销：全国新华书店
印　　刷：广州市岭美彩印有限公司
开　　本：787mm×1092mm　1/16
印　　张：20
字　　数：263 千字
版　　次：2018 年 3 月第 1 版
印　　次：2018 年 3 月第 1 次印刷
定　　价：158.00 元

投稿热线：（020）83000503　**读者热线：**（020）87000502
网址：http://www.nfdailypress.com

致谢

谨以此书献给多年来一直对我信任有加以及与我并肩工作的伙伴们。我也要感谢我的叔叔鲁本（Reuben），他战胜了小儿麻痹症，并为自己的事业创建了美好的前景，这些故事一直鼓舞着我。我一直很佩服他简单纯朴的性格和孜孜不倦的工作态度。我还要感谢我亲爱的朋友凯莉·斯徒安特（Kelly Straeter），无论我处于怎样的困境，她总是耐心热情地为我提供帮助。我还要特别感谢在商业探险的路途中互相扶持的阿诺恩（Arnone）大家庭。希望我在商业世界中所有成功的以及失败的经历都能帮助大家学到不少东西 。

所有正在或计划创业的人士，我祝愿你们的努力能够开花结果，实现自己最大的潜能 。

感谢利百加·布鲁斯特（Rebekah Brewster）和乔斯林·贝克（Jocelyn Baker）提供宝贵的帮助，把我的想法整理成稿；并感谢克里斯·塔夫托·米勒（Kris Taft Miller）和林恩·沃克（Lyn Walker）在内容设计和编辑方面的创意和不懈的努力。

两岁时，我就已经准备开始工作

前　言

为什么有些生意经营成功了，而有些却失败了呢？

如果你读过为创业者所著的书籍，你将从中找到各种答案，可是那些最纯粹有力的答案往往被人忽视。这些书把生意失败归咎于：员工之间缺乏一套共同的价值观；企业主大部分时间都是闭门造车，实际谈生意的时间少之又少；没有利用最新的社交媒体与顾客进行深入的对话，不懂得如何阐明自己独特的价值主张，从而让顾客了解我们是如何创造价值的；等等。

诚然，这些书中也有许多良好的建议，然而，他们都遗漏了一个对于企业成功而言更重要的因素。这个重要的因素之所以被忽视，是因为它简单、免费，且几乎为所有人拥有。它是如此的普遍以至于被大多数创业者遗忘。

但是他们应该注意到它。

从我 11 岁摆鳄梨摊到我创造出那些展示在酒店、家庭、餐厅以及办公室里的舒缓水墙，我一直依靠这个被忽视的秘诀开创了一百多种生意。

我利用该元素重新定义了位置优势这一概念，并利用该元素进行商业谈判和团队建设。

在此书中，我将向你展示如何在各种工作中利用这个简单、免费且普遍存在的元素，如制订营销计划、克服障碍以及揭露“干净的秘密”。

那么，这个神秘的元素到底是什么？

它便是常识。

几乎人人都具备常识，这便解释了为何它很“普遍”。然而，在商业领域，人们很少用到常识。实际上，它应该被称作非常识！环顾四周，你会发现不少商人争先恐后地追赶最新的商业趋势，却并不曾注意到“常识”的力量。

我运用常识对圆形沙滩巾、行李家具、短跑护具以及家具进行设计创作——毫无例外，常识总是我创作的主要手段。尽管我已实现自己的梦想，我却看到其他有梦想的人，他们想法坚定、满腔热情，却在生意策略的问题上苦苦挣扎着。他们采纳糟糕的建议，实施错误的商业策略，最终梦想被侵蚀，实在令我心痛。

我意识到了他们所忽视的一件事，即在对任何策略做出判断之前，你必须首先利用自己的常识，这样你才能够在开始行动之前做出正确的判断。

这是你需要阅读的第一本商业书。它将为你呈现运用商业常识的艺术和灵魂，并帮助你清楚地认识自己的想法，而不是盲目思考。从事过一百多种生意后，我已经有过许多成功的经历。你能够想象我脑海中的这些故事和我纯粹的亲身经历吗？我将在书中用平白的语言为你展示。

——托利 R. 兹威格

目　录

我的第一面光纤水墙和我设计的椅子

第一部分

挖掘你的灵感

我曾在单手骨折、脚踝扭伤、牙被撞碎、肩膀拉伤、嘴唇破裂的情况下，也依然上场比赛。我专注于一件事并且只专注于这件事——尽最大努力赢取更多的冠军。

——科比·布莱恩特

第1章

新手入门

大多数商人一开始都是创业者。他们五六岁时，就在一个炎热的夏日午后摆摊卖柠檬水。邻居们会花 5 美分或 50 美分购买一杯甜得发腻的柠檬水，这些满脸雀斑的孩子可乐开了花。

他们收工时口袋里大概装了 6.5 美元。

对于大多数人而言，这是他们第一次尝试创业，也是他们最后一次尝试创业。此后，他们继续选择一种传统工作——所谓的朝九晚五的工作。

起初我摆的不是柠檬水摊而是鳄梨（即牛油果）摊。小时候，我家地里有很多鳄梨树，鳄梨多到我们不知道该如何处置，很多果实从树上掉下来后都腐烂了。那时我 11 岁，常识告诉我，后院中那些掉落的鳄梨将带给我一个巨大的商机。

不像柠檬水，鳄梨有很旺盛的需求，人们仅仅为一只鳄梨就愿意支付 1 便士，所以我摆了一个鳄梨摊。周末，我在路边摆好桌子和箱子，旁边放一块大的招牌，上面写着：1 美元 4 个鳄梨。

摊位位置非常完美，我们住在一个有几条道路经过的峡谷里，因此我的鳄梨摊所在的街道尽头成了峡谷来往车辆的必经之处。

从早晨到下午，我通常能卖掉不少鳄梨，但是我却面临一个大问题。我从未把鳄梨卖光过，所以不得不把剩下的鳄梨装进箱子，一路沿着陡峭的车道吃力地搬回去。

我相信你能想象到这个情景是多么的不愉快！没有一个 11 岁的孩子愿意在烈日炎炎的夏日午后搬运沉甸甸的箱子。于是我开始思考该如何解决这个问题，我想出了一个策略：随着时间的推移，逐步调低价格。到了正午，1 美元 4 个鳄梨变成 1 美元 6 个；一天结束时，1 美元可购买 10 个鳄梨，此时购买者们像大抢购一样蜂拥而至。

于是，我在爬这条车道时减轻了很多负担，且因为这些鳄梨对我来说是免费的，所以我的利润很可观。一天下来，我赚了大约 100 美元。

虽然我的鳄梨摊对体力的要求超过了我的想象，但是它却加深了我运用常识来解决问题的信念。我学会了观察具体情况，观察人们想要或者需要什么，并想出能让我盈利的办法。

但是最重要的是，我开始意识到机会无处不在。自从我开始摆鳄梨摊，我就热衷于从每一个现实问题中寻找机会，然后把机会变成金钱。当然，这是我的福气，我从不担心到哪里去赚取下一张支票。但这也让我苦恼：我没有足够的时间来实现我所拥有的每一个创意！

机会无处不在——我们只需要训练自己的思维，去发现它。以简单的柠檬水摊为例。现在，很多小孩会在某一天睡觉醒来，兴冲冲地跑进厨房问母亲他们可不可以摆一个摊位卖柠檬水，接着就在家门前摆了一个摊位，幻想着有那么几个邻居刚好出门并来光顾。

但是如果我们用常识来思考这个小孩们幻想的游戏，结果又会怎样呢？首先，孩子们可以做一点研究，找到成年人真正想喝的冷饮——如黄瓜薄荷柠檬水。接下来，他们可以提前挂起招牌，宣传卡罗尔阿姨的秘制黄瓜薄荷柠檬水将在明日限时销售。这样，邻居们在外出散步时就会带上钱。最后，孩子们可以在遛狗的黄金时段摆好摊位，以确保最多的人流量。

当你能够用这种问题—机会的方式来训练你的思维时，你将不断发现各种机会，即使像经营柠檬水摊那么简单的事也一样。你也会为无法实现所有的赚钱机会而苦恼！

我这一生都在追求如何充分利用周围所有的机会，而我的鳄梨摊开启了我毕生的追求之路。我不再摆鳄梨摊，因为我注意到另一个机会：我的很多邻居都拥有马匹，他们需要有人来清理马厩。我想我可以成为“这个人”。既然我想到了，何不做一下勤杂工生意呢？

首先，我把我能提供的服务列好清单，并用尺子、模具和水彩笔自制了五彩斑斓的广告。然后，我找到附近最大的农场，敲了敲门。我主动提出为他们清理车道、刷墙、清理马厩和谷仓、饲养动物或打扫树叶。

他们立马给了我一把铲子并把我送到谷仓，我的勤杂工生意也迎来了第一个客户。

如果你认为拖着鳄梨箱爬坡都是一项很艰难的工作，那么来试试打扫马厩吧！这是一项孤独、漫长且繁重的工作，但也有积极的一面——我把所有的时间都用来思考街坊邻里其他需要被修理的东西。在我 12 岁的时候，我就打响了自己作为社区勤杂工的名号。

对我而言，为自己工作是世界上最好的感受，从那时起我就不想成为一个朝九晚五的上班族。我越来越成功，非常喜欢自己能自由地接待客户及选择工作。我意识到，我只有在高效的工作中以及为自己工作时最开心。后来，我专门从事草坪和园林美化工作，这份社区工作为我之后的创业奠定了基础。

我在做社区勤杂工的过程中和邻居们建立起稳固的关系。我最喜欢和他们讨论的一个话题就是汽车。在我符合开车年龄很早以前，我就酷爱跑车，作为一项业余爱好，我花费了大量的时间来研究汽车，并阅读汽车杂志。

我在 14 岁时为自己定制了第一辆汽车——一辆 1969 款两侧带踏阶的达特桑皮卡。我为它换上了大轮胎，给车身重新喷漆，并把车内装饰得非常漂亮。（那时定制皮卡在西部海岸风靡一时。）我参加了几场汽车比赛——猜猜结果怎样？

我设计的车获胜了！

我把自己与生俱来的激情和我的工作经验及人脉结合起来，在 19 岁那年开设了自己的二手车展销中心，展销地点就在我家前院，并用自己做勤杂工的收入购买了部分场地。

我的第一个车辆展销中心

我买入的第一辆欲售汽车是我朋友的 1974 款红色 T 型车顶雪佛兰克尔维特跑车。我重装了发动机，整修了内饰，并重镀了一层车漆。我花了一个月的时间修复，后来我把车卖掉赚了 1600 美元——这在 1976 年对于一个年轻人而言是一笔不菲的收入。

我购买了更多的汽车并把它们停放在我家前面的草坪上挂牌出售。我买入的第二辆车是 1971 款雪佛兰，它配备了 327V8 发动机，随后是庞蒂亚克，它配备了当时最强大的发动机。我还发现了一辆 1968 款卡马洛，它从头到尾都漆着色彩明亮的黑白条纹。我通过全面定制对其进行了改善。

我继续购买了更多的汽车，在短短几个月内，前院就展示了几辆保时捷、奔驰、克尔维特，一辆阿尔法罗密欧，以及一辆丰田货车。我意识到一个月只需要卖出几辆车，我就能够赚几千美元。

另外，这些车待售时，我还可以开着它们在附近兜风！

同很多创业家一样，我把一项爱好变成一门赚钱的生意，只需要具备一种努力抓住机会的思维模式。

我对汽车的痴迷会持续一生，而我微不足道的二手汽车店也最终发展壮大。而且这些年来，即使我已经开展了其他业务，我也总会抽时间来继续进行汽车买卖。

我将个人爱好发展成一项持续的副业，这种能力给予我拥有每款超级跑车的机会，这在个人层面上满足了我。这种能力也极大地帮助我成为一个专业的商人——买卖汽车教会了我一些商业策略，这些策略在我后来经营更大的公司时派上了用场。

1987 年，我珍藏的保时捷安装了航空发动机

激励之词

在阅读我学到的这些策略之前，在开启赚钱的买卖之前，有一件事你必须了解。

我相信你也拥有满腔热情，在这股热情的激励下你或投资做生意，或从事自己所喜爱的工作。除了相信机会在你周围无处不在，你还必须对自己有信心，相信自己有能力把这份热情转化为金钱。你有潜力拥有强大的思维——你自己的思维，并构思创意，这些创意能让你远远地超越那些朝九晚五的上班族。你不需要是一个与众不同的人，或者一个更好的甚至更有能力的人。你所需要的是开发一种能让你看到机会的思维模式，然后采取正确的行动。

这一点任何人都可以做到，但是大多数人不会去做。然而，当你开始阅读这本书时，你已经行动起来了。如果你沿着这条路走下去，你将开启其他人害怕打开的大门。不幸的是，大多数人被内心对风险的恐惧以及生活的艰苦所摆布，误认为自己无法前进。他们放弃了自己的梦想，不曾试图改变就接受了令人沮丧的境况。

你不是那种人。你已经开始寻找自己的人生道路。在前进的过程，要保持你的激情以免受挫，时刻用以机会为导向的观念武装自己。不要让别人的错误或负能量打消你把握机会的积极性。敞开你的怀抱，来拥抱这个充满机会的新世界！

充满机会的新世界

没错，做生意始终是有风险的。而且，冒险也许是可怕的。但是当你全神贯注地研究那些可以提高你自身能力的创意和图书时，你总能够找到一些使风险最小化的方法——承担预期风险而不是绝对风险。

随后你会更多地了解如何计算预期风险，但首先，请让我为你分享我做生意时的另一段亲身经历。

我对汽车的酷爱为我带来了人生中第一个大商机。我不想阳光直接照射到我汽车的仪表板，那是一辆红色保时捷卡雷拉。我希望我的车外形美观，而且我知道保护汽车免受阳光直射可以保障它的长期使用价值。在那个年代并没有汽车防晒商品，但是我的朋友马克用一条沙滩浴巾做了一块汽车防晒罩。可是我不喜欢他的设计，因为这个设计看起来很低劣，我不愿意用一条旧沙滩巾来贬低我的爱车。

我发现了一个问题，意味着我发现了一个机会。

我和马克改进了他的设计。我们剪裁了好几块大小适宜的布来适应仪表板不平整的表面。我们使用了时髦的、高质的布料。从本质上讲，我们创造了汽车遮阳罩。

人们很喜欢我们的遮阳罩，他们开始询问定制各种车型遮阳罩的价格。

最终，我和马克分开了，我去南加州继续开设自己的工厂，在那里我卖出了几千张遮阳罩。

那时，我想到这个产品的需求量这么高，我可以卖掉公司。卖掉公司后，我拿到的钱足够我再开一家公司。我设计的产品在市面上依然可见，即使多年来有不少公司抄袭我的想法，但我设计的产品仍然畅销。没错，如今，数以千万的人在使用由我的发明衍生出来的类似产品，它源自于一个人人都知道的简单的日常问题。

你可以做什么？你可以解决什么问题，或者你可以填补什么需求？让我们继续探索如何寻找赚钱思路吧。

从和托马斯·爱迪生以及亨利·福特一起经历的全部露营旅行中，我学到一件事，这是对我生活的一个建议：独立解决问题。不要因为有人尝试过并失败了，你就不去尝试。

——哈维·费尔斯通

第 2 章

行动起来，并深入研究

仅仅因为某人对某事很好奇，却产生了完全意外的收获，我常常对此感到惊奇。让我给你举几个例子——三个他人的例子，一个我自己的例子。如果你回想一下在学校所学到的有关亚历山大·弗莱明的知识，你可能记得，他并非刻意去发现青霉素。他只是一个热衷研究的家伙。在放假的前一天，他把带有葡萄球菌的培养皿留在了他的实验室里。他所做的仅此而已，还没打扫实验室就去度假了。

当然，接下来的故事就成了历史：弗莱明结束假期返回实验室，发现了一个培养皿中的葡萄球菌被滋生的细菌杀死了。就这样，他发现了青霉素。

珀西·斯宾塞的名字并不是那么家喻户晓，但是每天都有无数个家庭在使用他的发明。斯宾塞热爱雷达管设计。在他的职业生涯中，他找到了更快捷的方法来生产雷达管中用来制造微波无线电信号的磁电管。

一天，在建磁电管时，他注意到自己口袋中的巧克力棒融化了。

瞧！珀西·斯宾塞发明了微波炉，而他所做的只是把一条巧克力棒放在自己的口袋里。因为他已经把注意力放在雷达无线电信号上，所以他轻而易举地就把两者融合在一起创造了微波炉。

范阳是另一位从未料到自己的未来竟如此辉煌的人。范阳对气泡十分着迷。他研究了气泡几十年。我敢打赌，在他职业生涯之初，他并没料到自己会通过在全国巡回表演无数场气泡秀的方式来获取财富。范阳先前可能并未想象过把一头重达8800磅的大象装进一个气泡里面。相反，范阳只是自然而然地依从自己对气泡的好奇心，于是，不可思议的事发生了，他把对气泡的热爱转变成了一项事业。

不管怎么称呼它——激情、才干，抑或独特的天赋——我相信我们身体内都蕴藏着天生的好奇心和能力。我们就称之为“独门绝活”。对我而言，我这个独门绝活很自然地就是创造发明。

我并不为如何赚钱而烦忧，相反，我会清空自己的头脑，倾听自己的心声，听它诉说我的好奇心，然后花时间来满足我的好奇心，并让它带领我去往我从未想象过的地方。

每当我花大量时间来修炼我的“独门绝活”时，我就发现越来越多的玄妙之处，同时也发现了各种各样的机遇。最后，我得到的灵感远远超过了自己能够实现的数量。你我都不可能提前知道我们的“独门绝活”能带来哪些意外收获，只有当我们花大量的时间在我们的“独门绝活”上，我们才会有这些意外收获。我认为这同爱上一个人有点相似。你不可能提前知道你们之间的关系会朝怎样的结局发展，首先你必须花时间去了解一个人。

我沙滩巾上的沙子

给你讲一个我自己的故事——我的发明创造。我一直对解决问题以及让事物变得更好、更简单和更适于日常使用感兴趣。我根本停不下来对新主意的思考——思考一切事情，从怎样使西瓜更加容易切分到怎样使沙滩巾具有更多的功能。

回想一下你最近一次在沙滩晒日光浴的情景。你和你的朋友能同时坐在一张沙滩巾上吗？不能。当你翻转身体的时候，你会弄得沙滩巾上到处都是沙子！

好吧，我也是。并且所有沙滩旅客也都是如此。

现在，大多数沙滩旅客把沙子弄到沙滩巾上的时候都会十分恼怒。他们明白如果自己不用经常清理这些沙子，他们的沙滩体验将会更加美好。但是大多数人都只是把沙子扫出毛巾外，接着又躺下了。

由于很多时候我都对问题以及它们的解决方法保持好奇心，很自然我也对如何解决我沙滩巾上面的沙子进行思考，并找到了解决方案：一条足够两人使用的圆形沙滩巾。

开始调查。我发现，为了保持阳光直射，许多人去一次沙滩平均会旋转 2.4 次沙滩巾。沙滩巾每旋转一次都会积累更多的沙子。我用直径为 1.8 米的沙滩巾就避免了这个问题。当你追随太阳四处移动时，沙滩巾保持不动，也没沾上沙子。

这个想法孕育好几年了，但是因为我的脑子总是在计划解决方案，所以我根本没有时间执行这个想法。（还记得我告诉过你，我的问题——解决思维方式不仅给我带来福气，也给我带来苦恼，这就是一个例子！）

我描绘出沙滩巾的几种不同设计，并且在广告板上悬挂一幅巨大的沙滩巾的图片，但是我那时忙于其他业务，所以并没有绞尽脑汁对它进行营销。

最后某个人借鉴了我的创意并生产出这款沙滩巾，但是这个想法仍然萦绕在我脑海里，因为并没有人充分挖掘这个创意的潜力。我在沙滩上偶然会看到一条圆形沙滩巾，可这个创意尚未成功。如果采用适当的方式对圆形沙滩巾进行营销，那么它很容易成为众所周知的产品。

请思考：假设你发明了圆形沙滩巾并将它生产出来。等你去一家大公司的时候，告诉对方你计划在一天之内让几十万人看到该公司的品牌名称。公司给你支付一笔费用，要求你把它的品牌名称加印在 1000 条沙滩巾上。你在一个热闹的假日周末来到一片最受欢迎的海滩，搭好桌子并赠送沙滩巾。

吸人眼球的是：人们如果上交他们的旧沙滩巾，则可免费领取一条直径 1.8 米的圆形沙滩巾。这样，他们便会立即使用圆形沙滩巾。几个小时内，沙滩上就会有 1000 人同时使用着完全一样的大沙滩巾。

当然，假设你足够深谋远虑，提前就给媒体打电话，所以一架直升机正在该海滩上空在为晚间新闻“愉快的周末”片段拍摄图片。这一天结束时，电视机前观看晚间新闻的几十万观众都看到了该公司的品牌名称。你再不断地同大公司做交易，把它们的品牌呈现到电视中。当你从一个海滩到另一个海滩、从一个州到另一个州使用相同的创意，让成千上万的观众都看到他们的品牌时，你所付出的努力都是值得的。

这是一个我一直想去执行的简单的创意，而我发现这个创意仅仅是因为我的沙滩巾上面沾满了沙子。

激励之词

如果你正努力挖掘你的“独门绝活”，那么花一分钟时间思考：什么事情你做起来不太像在工作。当你做这件事时，时间仿佛转瞬即逝。请思考这些问题的答案：

- “对我而言最容易做的事情是什么？”
- “激励我的是什么？”
- “什么让我感兴趣？”
- “我在哪里发迹？”
- “我一生中想去哪里？”
- “我愿意牺牲什么？”
- “我的局限是什么？”
- “我需要投资多少？”
- “眼下什么产品有销路？”
- “该想法的国际化程度如何？”
- “我能在何处以最优惠的价格进行生产？”

- “我能在预算范围内以正确的方式做这件事吗？”

专注于对你而言最重要的东西，即使关于如何赚钱你还没有明确的思路，你的热情也会为你指明方向。倘若你追随这份热情，那么你将愿意为之做出牺牲，并且愿意付出取得成功所需的漫长时间。

虽然你可以通过追随热情来找到属于你的赚钱机会，但我可以告诉你：要完成任何一件事情，你都需要投入大量的时间、金钱、精力和感情。实现你内心的想法需要一股动力，而这种动力正源自于你的热情。你绝不会为了某件你毫无兴趣的事情做出牺牲。这便说明为何在选择适当的生意时，你需要把你的兴趣以及你的激情和长处与之相匹配。

通过你的“独门绝活”找到赚钱的方法，即便这项工作困难重重，你也永远都不会感觉到你是在工作，你也不会觉得这是一项任务。当你面临生意人都无法回避的困难时，你解决问题则会更加轻松，因为你将会到达你心之所向之处。

你可能想到了你喜欢做的几件事情，但是你也许被卡在这样的想法中：我将怎样利用我的“独门绝活”来赚钱呢？

没人可以为你回答那个问题，只有当你全神贯注于你的“独门绝活”时，你才回答得了那个问题，关键是你必须从某处开始。

亚历山大·弗莱明的灵感源于实验室，珀西·斯宾塞的灵感来自工作过程中，范阳不可思议的创造始于吹气泡。我的灵感始于沙滩。

弗莱明、斯宾塞、范阳，以及你们都拥有共同之处：当你的好奇心闪光时，你可以朝它一步又一步地靠近。

我这里想到了法国作家安东尼·圣埃克苏佩里，他有一句名言：“拯救一个人的方法是跨出一步，然后另一步。步子总是一样的，但是你必须跨出去。”

你切切实实踏出去的一步，是引导你更接近发现自我的一步。这就是我说的“行动起来并深入研究”的意思。我一直都认为，用自己的“独门绝活”让思维忙碌起来是一件好事情。这意味着当一个机会出现时，我已准备妥当。我负担不起懒惰的代价：一种懒惰的思维容易使人心变得忧虑。

观察那些极度幸福、职业生涯极其成功的人士，我注意到一个共同特点：他们不会干坐着等待百万财富降临。相反，他们每天都出去忙碌于自己热爱的事业。他们总是富有成效，明确自己需要做哪些事情才能和“独门绝活”保持关联。

如果范阳一开始就操心如何赚到几千万，那么他肯定不会选择气泡作为自己的事业。他也许会选择房地产或投资。但是尽管如此，范阳确实赚到了几千万，因为他深入探索了自己的好奇心。他从未想象过的机会之门因此为他敞开。

远离你的舒适区域

即使现在，当我在驾驶途中看到一家有趣的商店，我也会停下车走进店里，找到老板，同他交谈。

在提问和倾听他们回答的过程中，我建立了新的关系并拓展了我的人脉。有时这真的让人感到不自在。相比而言，按部就班过我一天的生活，回家、吃晚饭，这要容易得多。但是我相信撤回到安全地带其实很危险，因为这从本质上讲，和屈服于现状无异。如果我呆在自己的舒适区域，我将永远不会得到我所拥有的机会，也不会遇见我相识的人。

事实上，认识新朋友是“深入研究”的一部分。

钻研你的“独门绝活”

我喜欢参观工厂。实际上，我去过的工厂遍及世界各地。每当我去参观一家中国工厂，我总会安排时间参观附近其他一百多家工厂。这样，我便非常了解他们产品的质量和受欢迎程度。我也明白了工厂是否经历尚浅，因而对其运营进行精细的调整，并了解工厂是否能持续地生产优质产品。我总是花一两个小时和工厂的老板相处，倾听他们的经验，这充实了我自己的信息数据库。离开时，我清楚地知道我们是否可以合作。目前，我已经建立了一个囊括了中国优质工厂的数据库。

这对我接下来的路很有帮助。当我需要购买一台机器或某种材料，或需要一件定制的家具时，我宁愿直接从制造商那里购买。通常，我已经同生产该设备的制造厂商建立了关系，所以我可以直接购买，这为我节省了大笔费用。

例如，每一个机械师的梦想都包括一个大工具箱——说到“大”，我的意思是一个工具箱有 1.5—2 米宽、1.5—1.8 米高，并有 40 个抽屉。在美国，这些工具箱的成本超过 2 万美元，这对于大多数机械师而言都是无力承担的。

在中国，我偶然发现了一家制造这种工具箱的公司，于是我想到一个主意，即重新设计工具箱的形状并添加一些设计元素，例如给工具箱刷上瘿木或斑马木木纹，或刷上旧式的细条纹。通过直接从制造商那里购买这些工具箱，我需要支付的生产成本只要几千美元，我把它们进口到美国，以远低于其他商家的价格出售并获取了利润。

我一开始就计划着要办成这件事吗？不，我是通过花时间钻研我的“独门绝活”——创造发明——才很自然地有了这个想法，通过研究，我发展了用以执行该想法的专业技能并拓展了人脉。

通过实地参观，多提问，并尝试在你去到的每个地方向你见到的每个人学习，那么你也一样，更有可能找到你的生财之道。你越了解你的“独门绝活”，你就越了解你的行业，而见多识广的你将更有能力抓住将来的机会。

采取行动

如果你想要在任何领域获得成功，只有一件事会助你达成：你必须采取行动。迈出第一步，然后迈出第二步。专注于为你的生活带来更多成功的“独门绝活”，从而行动起来并深入研究，这比起白日做梦更能使你实现目标。赶紧行动，把你的想法写下来吧，并且我向你承诺终有一天你的灵感会突然迸发。

我几乎把所有时间都用来思考创新。最近只要我一醒来，脑子里就会突然蹦出这个想法：我想找到一种方法来创造一种不受雨雪等因素影响的、使用寿命长的户外艺术品。

于是我开始忙碌起来并进行深入的研究。我把风景照印在轻质铝、黄铜、不锈钢等材料上，并做了多种涂层处理。最终一款能经受所有户外因素的艺术品诞生了。不像大多数人那样只是把照片简单地安置在一个框架中，我量身定制了各种形状和色彩的托脚，这样大照片在被嵌入框架或玻璃时便与墙壁保持 5 厘米的距离。在我眼里，这看起来很棒——它散发着一股雅致的艺术气息，这是精致工艺拥有的独特气质。

我创造了企业大型户外广告板的基底和涂层

我意识到这是一个有巨大潜力的全新领域！到目前为止，我只是触及了它的皮毛而已，所有的灵感在某个早晨一下子出现在我脑子里。我确信如果我没有花如此大量的时间钻研这项“独门绝活”，它永远都不会出现在我脑子里。

因为它的重要性，所以我将再次重复这一点：深入研究你的“独门绝活”很重要，尤其是如果你正在寻找适当的灵感。这就是成长：向前发展，即使你不知道目的地远在何方。事实上，向前发展很重要，尤其在你不知道目的地尚在何处的时候。

新的作品展示

在我的纽波特比奇画廊里展示的图形艺术作品，最新的户外艺术品设计

餐厅安装平面艺术作品前

餐厅安装平面艺术作品后

若你尚未找到把自己的“独门绝活”变成生财之道，请不要沮丧。生活是一个过程，在你成长和学习的旅程中，属于你的机会将逐渐显露。关注你的“独门绝活”，相信你内心的灵感就要浮出水面。

如果你在寻找创意，那么戴上你的意识眼镜；用不同的眼光看待事物。

——萨拉·布莱克利

第3章

创建你的市场

你有没有注意到，大多数人——即便是那些大获成功的人——也选择别人已经开辟的道路？他们热爱写短篇小说，所以他们满怀期待地向刊物和代理商提交几篇作品。他们热爱法律，于是他们进入法学院，通过司法考试并成为律师，希望快速成为律所合伙人。

创业家们甚至使用一种屡试不爽的方法。创业之初，他们销售或提供与别家相同的产品或服务。他们通过学习其他餐厅的模式来开设自己的餐厅。他们试图推销保险，于是寻找比他们经验丰富的导师。他们成为注册会计师，便拼命地“窃取”别人的客户资源。

尽管这些都是受人尊敬的、诚实的谋生之道，但这些都是有限的。常识告诉我们，即使这些企业家足够优秀并能在人群中脱颖而出，可是激烈而巨大的竞争削减了他们的潜在客户群，他们竭尽时间和精力所创造的利润幅度也就随之缩小。

那些脱颖而出的人士采用了创新的方法。他们对已有的产品和服务做出新奇的改进。即使他们本质上销售的东西和其他竞争者销售的无异，但他们却通过创新的方法，在策略和销量上超过行业的其他竞争者，取得杰出的业绩。他们使自己的产品或服务看起来独一无二，这为他们扩大了潜在的客户群。

在为一个朋友提供帮助时，一个有趣且有利可图的商业灵感在我脑海中一闪而过。他的办公室里陈列了一条大枪鱼，这是动物标本剥制师为他安置的。这是一条不错的枪鱼，但是它同你所见到的其他所有热带枪鱼无异。我的朋友厌倦了他的枪鱼，想把它放进储存室。

“别那样，”我说，“让我看看是否可以做些改变，让它能展示。”

我设计了一条比其他所有枪鱼都更有创意的枪鱼。首先我对它进行抛光，且因为我的朋友喜爱哈雷戴维森，所以我决定绘制一个结合了哈雷戴维森商标的设计。我在枪鱼头部喷绘了三道飞驰的火焰，并小心翼翼地把哈雷商标展示在枪鱼表面，然后在定制的喷绘上添加了一层像玻璃一样的透明涂层。

为朋友定制的哈雷枪鱼

你可能并不钟意一条带有三道火焰的哈雷戴维森枪鱼，但是我知道我的朋友会很激动。他确实很激动！他为自己的枪鱼感到骄傲，他有了一件每天走进办公室时都期待看到的艺术品。

一个灵感应运而生。我朋友的这股子热情给我启发，于是我开始从事枪鱼定制生意。

我开始接触其他类型的海洋生物，制作鲨鱼、旗鱼、金枪鱼、海鲶和海豚的纤维玻璃复制品。

我收藏了 50 多种鱼模

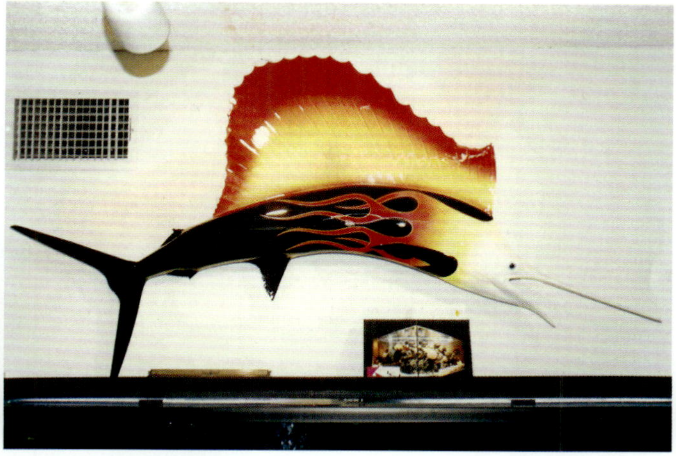

定制火焰旗鱼

定制鲨鱼

定制喷绘海豚

然后我还开展了各种实验设计。我知道，如果只是在枪鱼身上绘制火焰，那么我只能走到这里，所以我开始绘制风景。通过在一条枪鱼或一只海豚身上绘制从日出到日落的景色，我创造了一种动态的错觉。我只使用高档材料，如纤维玻璃，然后再进一步设计。我充分利用自己对汽车的了解，像给保时捷添加透明涂层一样，我用同样的方式为作品添加了透明涂层。

我的研究更加深入了！

我的定制海洋生物设计和墙壁非常搭配，给原本单调普通的墙面增添了一抹鲜艳的色彩。

我很快想出了一个更棒的主意。回想起我在朋友的枪鱼上面绘制的哈雷戴维森商标，我意识到还没有任何一家企业曾把自己的商标绘制在枪鱼身上。我自问：或许大企业会喜欢把这些枪鱼挂在办公墙上？如果我让这些企业商标流行起来，并花时间确保这些商标的高端性以保护公司品牌，也许我可以向这些大企业出售很多枪鱼挂件，它们可能在几个地点摆放这些定制化的海洋生物。

你难道不想看到自己的名字出现在某件物品上面吗？每个人都喜欢，尤其是大公司。

我的悍马枪鱼设计

定制枪鱼商标

一年到头有很多设计

我曾尝试用光纤灯来突出公司的商标。我有一件自己的热带枪鱼模型，是由一家船舶制造商制造的模具，并且我还不停地对其进行试验。

当然，并不是所有人都喜欢壁挂式鱼类饰品，但是我知道，任何一家主要访客是男性的公司都会十分欢迎这种饰品。任何一家想要吸引一位强健的、爱好户外运动的男性客户的企业，都会喜爱我的壁挂式海洋生物。当然，其他人也在出售壁挂式海洋生物，但是他们的产品比我的产品逊色许多。

如果你想要定制枪鱼饰品，那么我正是你要寻找的人。

我的营销策略很简单。我定制了一件海洋生物挂饰，上面绘制了某家公司的商标。我保证只使用高档材料，设计卓越的作品。然后我带着这件绘制了该公司商标的成品去联系这家公司。

这吸引了他们的注意！我并没告诉他们我能做什么，相反，我向他们展示我做了什么：他们将挂在公司墙面上的就是这件产品。我走进办公室，向他们展示这件被精雕细琢的长 1.8 米的枪鱼挂饰。我卖出了很多定制纤维玻璃鱼挂件，每件售价在 2,900 美元到 10,000 美元之间。

通过瞄准有多个办公地点的大型公司，我取得了一些大订单：百威啤酒公司订购了三种不同的设计，哈雷戴维森成为我最大的客户之一。我跳出固有的思维框架，在半年时间内，将产品扩展到米勒啤酒、苏尔啤酒，以及全国各地的钓鱼俱乐部。查尔斯·施瓦布也很喜欢它，甚至买了一件送给巴黎圣母院的院长。

定制百威枪鱼

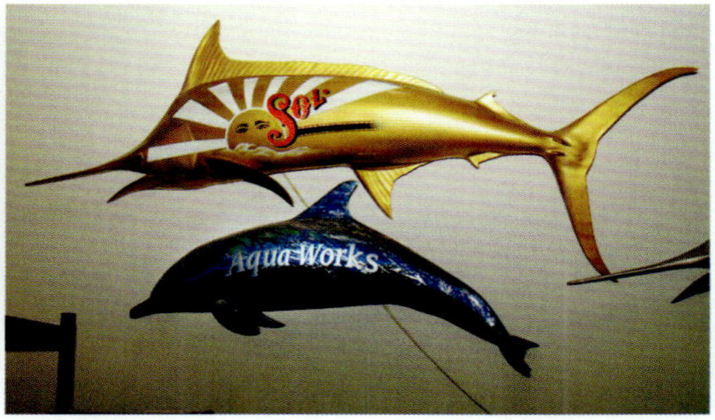

我的苏尔啤酒定制作品

宾利买了好几百件，因为我做的鱼看起来很像该公司的仪表板，以瘿木为原材料，加上宾利的金箔商标，哪个生意人不想在办公室添置一件这样的饰品？

宾利人造定制瘿木枪鱼

我设计的产品越有创意，就越容易卖给公司客户。

如今我仍然在经营海洋生物的定制业务，我增添了金枪鱼、螃蟹、梭鱼、海豚以及鲨鱼等多元化设计。我的许多客户是寿司餐厅和海鲜餐厅的老板，较之其他客户，他们更加青睐我设计的海洋生物饰品。这些饰品也得到世界各地垂钓者的青睐。

哪位男士不希望在自己的私人空间添置一条拥有三重火焰的枪鱼呢？

我和伯尼·利特尔及百威哈雷

进行百威定制前的新哈雷摩托

全身定制的百威哈雷

百威项目完成

定制的艾伦主题大挡泥板

我的第一辆定制哈雷摩托和配套扁鼻子保时捷

定制迪克·崔西哈雷摩托

当你思考你的“独门绝活”时，记住，可以这么说，在任何行业，你都可以拥有你自己的“定制枪鱼”。

有一年，定制哈雷戴维森摩托让我赚了一大笔钱。我在拜访加州的朋友伯尼·利特尔时产生了这个灵感。伯尼有一辆定制的百威哈雷摩托，我告诉他我可以让这辆摩托变得更有型。于是我买了一辆新的肥仔哈雷摩托，拆开它，又给这辆新的肥仔哈雷摩托添加了印第安式挡泥板，并重新定制了整辆车。大功告成后，它成了世界上独一无二的哈雷摩托，这是一件艺术品。伯尼·利特尔花大价钱向我买下了这辆定制版的百威哈雷。他很喜欢这辆摩托车。

当我在定制伯尼的哈雷摩托车时，我用自己的其他几辆哈雷摩托做实验。我以经典战斗机为主题定制了其中一辆摩托，以蜘蛛侠为主题定制了另一辆，还有一辆是以迪克·崔西为主题，等等。

其他人在杂志或摩托车展上看到我的设计，很快，来自世界各地的名人、音乐家、电影明星、企业高管和其他收藏家纷纷向我订购。

我设计的定制摩托车与众不同且外观精美，因此销路很好，这使得我能够对这些独

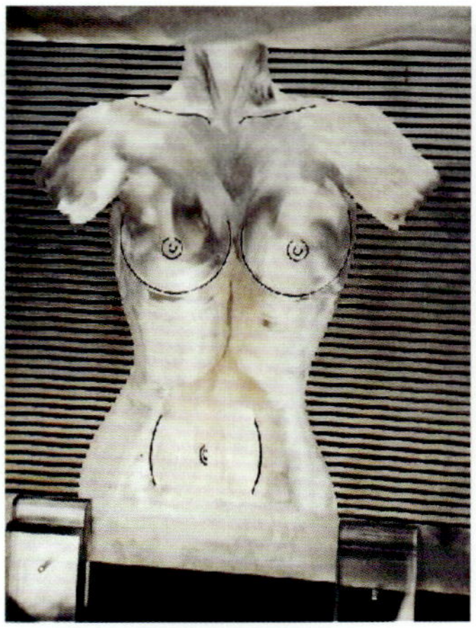

水射流金属艺术品铝材

水射流金属艺术品

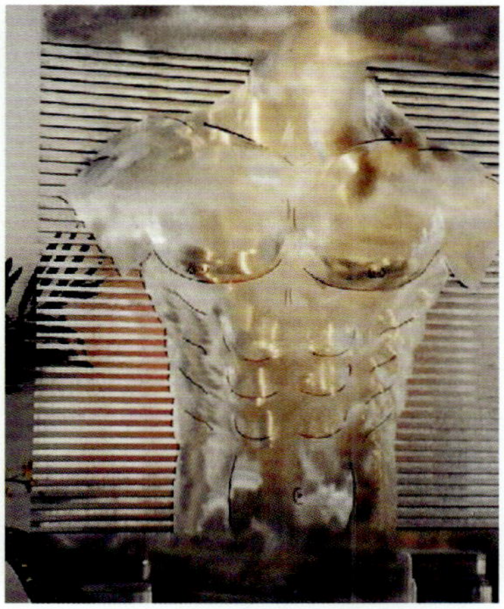

用水射流将金属废材变为艺术品

投入了大量的生产物资

设计新切割刀片，一次性可开 12 条槽

我新的水墙开槽专用机器，全世界仅此一台

一无二的产品定最高的价格。

我并未就此停止脚步。由于我设计了定制汽车和摩托车，我会接触到一些相当不错的机器，包括一台水射流切割机，它配有一个54,864磅/平方米的泵，可以切穿5.5米厚的钛金属。如果你看到它切割出来的角，一定会非常惊讶。

大多数水射流切割机被用于航空航天领域或汽车配件定制，我是首次接触这台机器。

通过尽我所能地不断深入研究并学习汽车发明和汽车定制，我能够把我对该机器所了解的知识运用到别处：为了艺术设计，我使用水射流切割机来制造和改变金属、木材和塑料。是的，这些机器非常昂贵，也很难操作。但是投资这些机器能够让我得到大量的不锈钢和铝材碎片，设计独一无二的形状，这使我的艺术品和雕塑变得与众不同，因此，这项投资是划算的。

一台机器，如水射流切割机或者一台激光数控机床，带来的可能性数不胜数，再加上我愿意跳出常规思维框架另辟蹊径，所以我吸引了客户的注意并获得了更多订单。我不仅创造定制汽车及摩托车零配件，我也定制艺术品。

无论你处于什么行业，总是有新瓶装旧酒的可能。一个特定的行业竞争越激烈，你越需要借助创新元素来跻身行业的前列。餐饮行业多年的经验让我认识到这一点。

在高度竞争的餐饮行业中打破常规思维

即使餐饮行业是世界上竞争最激烈的行业，餐饮也一直是我最喜欢的生意，因为餐厅通过创新能提供很多东西。我喜欢用最优质的原料创造新菜式，我也热衷于餐厅的前期设计工作。

目前餐饮行业一个最热门的趋势被称作“快速休闲”。快速休闲是快餐的一个缺口。它通常提供比传统快餐店更加健康的原料，氛围也比传统的快餐店更加怡人。快速休闲餐厅提供几乎所有类型的菜品，包括比萨、寿司、烧烤以及汉堡。在快速休闲店，你甚至还能找到涮涮锅。

Panera, Chipotle, Baja Fresh, Panda Express, Steak and Shake, Five Guys

Burgers，以及甚至食物车，如Bacon Bacon，都是快速休闲餐厅很好的代表。

快速休闲餐厅发展十分顺利，于是更多的快速休闲餐厅如同雨后春笋般出现在世界各地。这造成了一个问题：近几年太多商人进入该市场，市场已经变得相当拥挤。市场上对餐厅空间的需求迅猛增长，使得正打算开设新餐厅的商人难以在自己的价格承受范围内找到一个好位置。

餐厅空间问题很复杂，业主企图把一些空置店铺出租给其他餐厅的老板，而现有租户常常为此找业主麻烦。现有的餐厅租户不希望另一家餐厅过来分走自己的客户，所以，业主迫不得已只好寻找非餐厅租户。

餐厅空间愈发短缺、珍贵，我开始全神贯注地思考一个解决办法：通过一种新的方式使餐厅空间最大化。我的想法是租一间一般大小的餐厅店面，大概280平方米，然后在正中间建一堵墙将店面分成两半。通过把整个空间隔开分成两个独立空间，我可以在其中一个空间经营一家快速休闲餐厅，而在另一边也经营一家快速休闲餐厅。

实际上，我在一家店面里经营了两家餐厅：All Steamed Up和Tokyo Burrito。它们利用快速休闲潮流，把我在一个竞争激烈的市场上找到餐厅空间的需求降到最低。

客户对于两家餐厅共用一个厨房并不知情。在门外汉的眼里，它们仅仅是两家相邻的餐厅，独立经营各自的生意。

该想法的美妙之处在于，两家完全不同的餐厅共享厨房、员工和空间，而我只需要

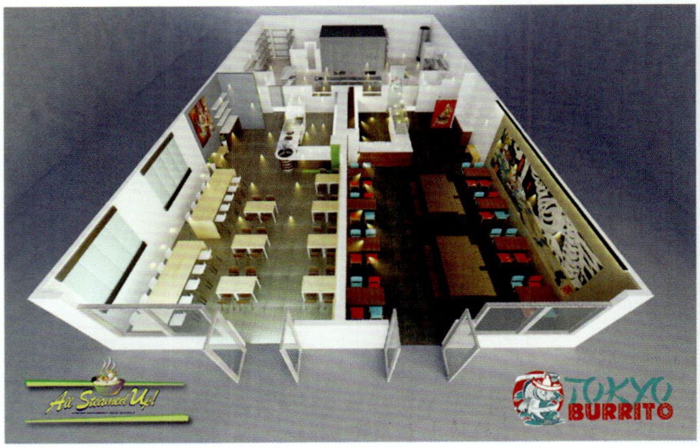

两家餐厅，一个概念

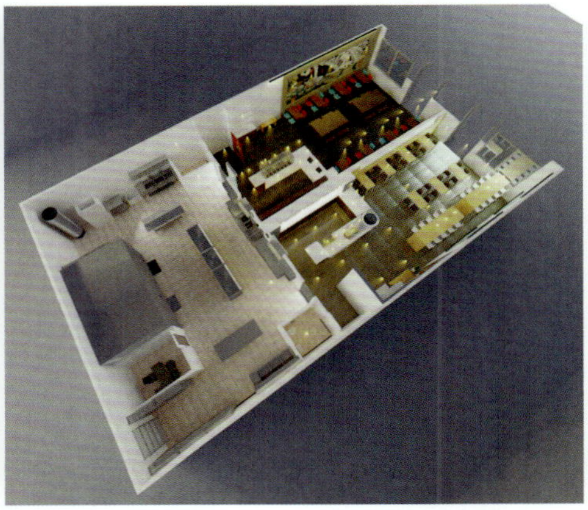

我对餐厅布局的设计

All Steamed Up 的内部设计

Tokyo Burrito 的内部设计

外观设计

看起来像两家独立的餐厅，其实是一家

漂亮的前台设计

支付一家店面的费用，因而可以节省很多间接成本。另外，我使用了一份交叉菜单。换句话说，即使两家餐厅的菜单上提供不同的菜肴，它们也可共享原料。租赁成本降低了，人力成本和食物成本也降低了。

然后，我进一步区分菜单。如我所说，餐饮业竞争非常激烈。我知道餐饮业内激烈而巨大的竞争已经缩减了我的潜在客户数量，但是因为我喜爱这个行业，想开餐馆，我知道我需要让我的菜单变得有趣且不同寻常。

其中一道菜来自 All Steamed Up，一个饭碗里有 12 种蛋白质食物、12 种蔬菜以及 12 种酱料。步骤是：首先拿出一只碗，把面条放在白色或棕色的米饭上，然后一层层地添加蛋白质食物，如金枪鱼、三文鱼片、大比目鱼、烤鸡胸肉、卤牛肉、烤鲑鱼、烤短肋骨，以及煎蛋午餐肉。接下来，加上芦笋、胡萝卜、蒸花椰菜、雪豌豆、玉米笋、青南瓜、西葫芦和鳄梨。最后，添加香菜、青葱、洋葱、亚洲沙拉、芒果、萝卜、鱼子、海带、芝麻以及一种秘制酱料。

优质食材，它们像艺术品一样

优质短牛排碗

这不同于普通的标准套餐。我可以收取更高的费用，因为我的顾客很开心，他们愿意支付额外费用来品尝更好的食物，而不是那些由少许价格低廉的原料制备而成的普通标准套餐。

在隔墙的另一边，Tokyo Burrito餐厅把寿司和卷饼相结合。虽然喜欢吃寿司的人很多，但是吃寿司可能会让人手足无措。正在约会的男子肯定不希望夹在筷子里的食物掉下来，更不要说嘴里的食物掉出来了。我认为卷饼形状的寿司可能更容易吞咽。

我用芝麻纸、几种海带、绿豆纸、粉色大豆纸等进行试验。我添加了更多优质原料并把卷饼制作成一个寿司卷的形状，只是更大而已。我的客户很喜欢。他们也喜欢亚洲风格的烤干酪辣味玉米片、生鲜沙拉碗，以及其他使用最新鲜的生鱼片和秘制酱料及浇头制成的热门食物。

美味的寿司

餐厅是企业家扭转企业经营状况的一个好例子。餐饮业主要的中心点：

- 食物
- 甜点
- 饮品
- 酒水
- 承办酒席
- 食物车

每个利益点，你都可以找到已被证实行之有效的方法，但是真正的突破是提供一些与众不同的东西。

例如，洛杉矶有一家餐厅，名为Faith & Flower，发明了一种招牌鸡尾酒，它混合了朗姆酒、白兰地、苦艾酒、丁香、肉豆蔻、香菜，以及牛奶。

谁想过把牛奶加进鸡尾酒？

好吧，Faith & Flower餐厅的鸡尾酒“英国乳酒”，获得了《时尚先生》的年度最想品尝的鸡尾酒奖项。

甚至一辆热狗车都能有所创新。尝试在炎炎夏日销售冷饮，在寒冷时节增加热饮。设计一个特刊收集杯，这些特刊反映了你所在的城市发生的一些不同寻常的事件，而这些事件正好能吸引游客。然后把它们卖给游客吧！打扮成小丑，并宣传你的热狗车可以为小孩的生日派对提供服务。

卡尔·凯驰意识到这些，并利用自己的想象力创造了无限的可能，于是他建立了自己的餐饮帝国。

卡尔·凯驰 1941 年在洛杉矶靠一辆热狗车起家。很快，他就添置了好几辆热狗车，几年后，他开设了他第一家规模完整的餐厅。通过新的尝试，例如提供速来得服务，他开发了沙拉棒以及碳烤火鸡汉堡。在 2008 年去世时，卡尔的餐厅专营店年毛利润超过 10 亿美元。

卡尔·凯驰只是众多创新者中的一员，他们运用常识对产品和服务进行创新。优步是另一家这样做的公司。优步通过整合技术，改进了传统的出租车服务，这样乘客就可预约一辆汽车并实时观看车辆抵达。让我惊讶的是，全世界的出租车公司都被优步在创新方面赶超。常识难道没有告诉过它们有一种更好的方法吗？

优步一直在留意，并且它知道怎样革新旧的服务。Twitter、Snapchat 和 Instagram 也如此，它们都革新了传统的社交网络。

你所在的行业有哪些选择呢，可以如何完善这些选择？你怎样才能定制你的私人枪鱼？

真相是这样的：互联网让人们易于寻找到所有已被证实的行之有效的方法，当然也包括旧消息。这些年你一直有更好的机会占据优势：把寿司卷进一个卷饼里，或是把牛奶添加到鸡尾酒中。

我记得，我曾看着祖母一边往绳子上晾衣服一边对我说，“你要学会晾衣服”。我知道我和祖母的人生将截然不同。

——奥普拉·温弗瑞

第 4 章

探索缝隙机会

新瓶装旧酒是一回事，但是创造一些全新的东西又如何呢？发明新产品意味着你将是唯一出售该产品的商人。因为你没有竞争者，所以你可以按照自己心中的利润来定价。你的客户不能到别处购买你的产品，因而你完全处于主导地位。

如果你能够设置较大的利润空间，那么你将更有实力度过未来的衰退期。每当你想买一套新房子、一辆新车或一艘新船的时候，通过发明新产品来赚钱岂不是更好？

这当然听起来容易做起来难。

幸运的是，我的一个比喻也许能帮助你发明创新。我将其称为“探索缝隙”。这意味着你要去寻找一种需求，然后填补这种需求，经营从未有人涉足过的生意，填补该缝隙市场。

一天，我在加州圣莫妮卡散步时，一家画廊吸引了我的注意。作为一名艺术爱好者，我决定走进去参观。在画廊内，我注意到一尊小型的亚克力材质的雕塑，水流顺着雕塑表面缓缓而下。但我看到它的价格标签时震惊了。

这尊小型的水景雕塑的售价竟然高达5,000美元！

那时我已经在从事与亚克力材料有关的生意——当时，我正在生产体育纪念品陈列柜——而且我知道亚克力的成本：那尊水景雕塑的成本远远低于5,000美元。我的大脑飞速运转起来。我意识到，比起体育纪念品生意，创造自己的亚克力水景产品则拥有更大的潜在利润空间，前者一直在损耗着我的创造力。

我喜欢定制各种形式的产品，无论是汽车、摩托车、沙发、住房、餐厅还是服装。亚克力水景产品同它们无异。我不能止步于“足够好”。我喜欢反复地实验，直到我创造出全新的产品。

那天我看到这件小型水景雕塑后便开始尝试创造大型的亚克力雕塑。一段时间后，我创造了一种能够让水流在亚克力材料表面像瀑布一样倾泻的系统。我想出一种定制凹槽的方法，可使泵产生波浪形状的循环水流。

我不断地尝试并最终搬进一

1991年，我的第一家水墙工厂，位于加州圣莫妮卡

我的第一家水墙工厂

我的第一件大型亚克力水墙

我的第一面可丽耐水墙

间设计工作室，那里有很大的生产空间。不久后，我打造了几面高大的水墙，从3米到100多米不等。

开始研究营销这些水景产品的方法的时候，我了解到创意艺术设计市场十分火热！

我在各类贸易杂志上刊登广告，在很多贸易展会上展示我的产品，并成立了第一家水墙画廊。除此之外，刊物和电视的宣传也让我的产品备受关注，于是订单从四面八方接踵而至。然后，我通过艺术展览、电视、国际广告和更多的展示厅来增强对定制水景产品的营销力度。我把我的艺术作品称为“水墙”，它们甚至曾被展示在奥斯卡、金球奖和美国音乐奖的颁奖典礼上。

人们喜爱我的水墙。很快，我获得了一些大客户，他们购买了各式各样的大型定制水墙。

我喜欢制造这些水墙——现在仍然喜欢！其中一件水墙作品表面的水流笔直地逆流而上——抵抗地心引力。我几乎使用了你可以

我的第一本水墙宣传册

第一本水墙宣传册的内容

想象到的一切材料、颜色和形状来设计水墙。很多人尝试复制我的设计，一些人成功了，但是我设计的作品太多了，大部分产品仍未被人复制。

1991 年，我卖出了自己的第一面水墙，到现在，它们已被卖到世界各地。我的客户包括国王，知名音乐家，电影明星，赌场、酒店、餐厅、水疗中心、定制住宅的老板，医院办公室负责人，以及汽车经销商。水墙在任何地方都是人们关注的焦点，因为它带给人们舒缓、平静和安宁的感受。一旦你在任何环境中安装了我的水墙产品，整个房间都会因此让人眼前一亮。

往后，我仍有大把创造水墙的灵感。我从未止步于某个设计、某种材料，甚至是水流的某个角度。我不断地尝试新的方法。每年我都创造出更高更宽的水墙，想出让水沿着各种形状和尺寸的墙壁流淌的新方法。我最近发现了一种方法，可把水流像一幅画那样镶在墙上。我在这些水墙上打印了从全家福到公司商标的各种定制设计图样。

拉斯维加斯改装车展总让人产生新的创意

创新的车轮水墙展示

我的第一位企业客户

15 米宽的大型亚克力水墙

我的第一笔大单

一个大型企业安装项目

使用了很多材料并吸收了各种设计的水墙

水墙演变成不锈钢玻璃和花岗岩

工厂里的水墙设计

艺术和水处于最佳状态

水墙雏形

我为许多连锁酒店安装过水墙，这是其中一家

用高端不锈钢和玻璃设计的水墙

亚利桑那州斯科特代尔的水墙陈列室

由我设计的首个五板曲面水墙

夏威夷系列水墙

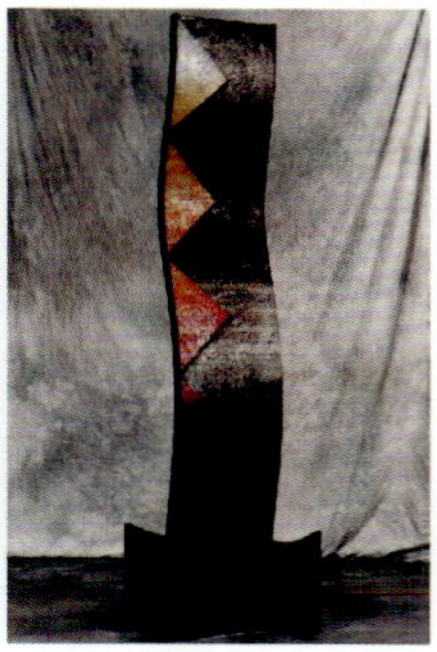

突破亚克力材料的
极限设计成品

Acquawerks 第一个商标的宣传册

水墙业务宣传册

如今，我能用机器在各类材料上进行生产设计，这些机器同你在一家航空公司里所见到的机器一样：水射流切割机器、激光器、几台性能不错的装配设备、计算机数控轧机、剪板机和冲床。有了这些机器，你便能够创造出一件件艺术品。

壁挂式双板高水墙

印第安风格

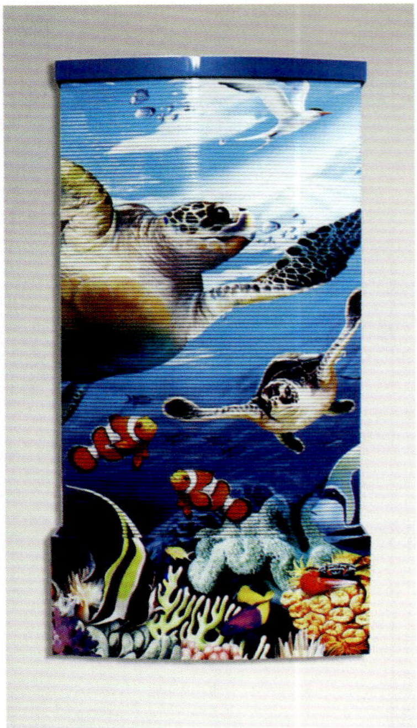

海洋生物景色墙壁挂式水墙

三板定制水墙成品

我的新款壁装式水墙拥有无限可能

更多带有企业商标的壁装式水墙

水墙在任何环境中显得栩栩如生

水墙对任何环境而言都是不错的创意

六个商业目标

同任何优秀的发明一样，我的水墙产品也助我实现了六个商业目标，从而使我跻身于行业前列。每种生意，无论是街角处的家庭小商店还是财富 500 强企业，都梦想实现以下六个目标：

1. **利润空间大**：一条好的经验法则是，产品定价应该至少是其成本的 2.2 倍。例如，如果你生产某产品的成本是 75 美元，那么该产品的批发价要定在 165 美元左右。发明带给你的好处是没有竞争者，所以你可以决定自己的利润空间，而不用担心现行汇率。如果你的设计优质，那么你的利润空间甚至更高。我的水墙产品的利润率大约在 300% 到 900% 之间。

2. **开销低**：瞄准构造简单的建筑，只使用你需要的东西，并保持环境清洁。花销会削减利润。

3. **竞争最小**：如果你发明了一种产品，它很新颖，或者它非常与众不同，抑或使用了优质材料，那么你

培恩品牌壁装式水墙

四块待安装的镶嵌板

四块安装好的镶嵌板

将不会面临竞争——至少一开始如此！

4. 寿命长：最好的发明代表一种切实的需求以及无穷无尽的客户名单。（即便如此，加里·达尔发明了一种风靡一时的热门产品，才开始销售半年，其销售额就达到了1,500万美元。他的发明是什么？宠物石头，仅仅是装在盒子里的一块石头而已。）

5. 全球化产品：如果你设计了一款非常与众不同的产品，并且该产品很难被复制，那么你就能够把它卖向全球。就如同法拉利、劳斯莱斯、蒂芙妮。

6. 无应收账款：如果你的产品非常棒，那么你就能控制款项的支付；如果你的产品不可多得，那么你就能抬高价格并在第一时间收到付款。

应收账款是一笔巨额款项。当你卖出产品时，你会为客户开具发票，他在30天或60天后付钱给你，这就是你的应收账款。大多数行业在经营过程中都有应收账款，但是在现实生活中，有应收账款意味着你不得不一边等待你的客户付钱给你，一边维持企业继续运转，支付租金和工资。

应收款项很容易产生恶果：客户可能还没向你付款就已经破产了，经济形势可能发生变化因而每位客户都进一步放慢了支付账款的速度——你明白这个道理。毫无应收账款才是最划算的买卖。这意味着你卖出产品时客户就向你付款了。

这就是我如此高效地经营水墙生意的秘诀：在我为客户设计他们要购买而市场上缺乏的特殊产品之前，客户就已经向我支付了所有项目的费用。

很多人认为同时达到这六个目标不大可能。实际上，真正达到了这几个目标的企业寥寥无几，所以大多数人都局限于辛苦创造的微薄利润。

这是我大力支持创新的另一个原因。当你创造出一种新产品时，你便可以找到提高利润、降低开销、最大地降低（消除）竞争、增强寿命、拓展全球市场以及消除应收账款的方法。

虽然为实现这六个目标我花费了数年时间，但是当我创造出水墙时，我真的实现了这几个目标。由于我创造了一种前所未有的新产品，所以我能够控制价格，进而控制利润率。选择范围和设计种类越多，产品的寿命就越长。

即便如此，你们也可以通过完全不同的途径来选择合适的业务以及创新之路。这很棒！每个人的志趣都不尽相同。记住：要投身到令你感兴趣的事情中去。结合这几页提到的常识战略并集中精力寻找你的创意之路，然后你就会享受到梦想成真的喜悦。

大多数人的问题是，当一枚 20 美元的金币就在他们脚下时，他们却四处寻找 5 分的镍币。

——亨利·海因茨

第 5 章

顾全大局

霍华德·舒尔茨是一个很好的例子，他善于留意缝隙，找到自己的“枪鱼”，并运用常识改变了自己的命运。

1982 年，霍华德·舒尔茨做出了一个让全家人为之震惊的决定。他放弃了纽约一个高薪的管理职位，横跨美国来到西雅图的一家小咖啡馆工作。尽管这个做法听起来很疯狂，但舒尔茨在他的著作《将心注入》中解释了其中的缘故。

“我看中星巴克的并不是它的过去，而是它未来的潜力。”舒尔茨说道。

同布鲁克林的其他很多孩子一样，霍华德·舒尔茨在“贫民安顿计划”社区长大。他靠晚上兼职酒吧服务员和借债艰难地念完了大学，最后走出了这个社区。1975 年，他成为自己家族的第一位大学毕业生。他在北密歇根大学获得了通信专业的学士学位。

霍华德去了汉马普拉斯工作，该公司生产滴漏式咖啡机。他很快晋升成为运营总监。但一件事引起了他的注意：汉马普拉斯的一个客户——星巴克，购买了很多咖啡机。

舒尔茨不理解为什么这家只有 5 个连锁店的小咖啡馆购买的手工酿造机器的数量比大型连锁店如百货公司购买的还要多。舒尔茨决定进行调查，他在 1981 年走进他的第一家星巴克。

当时，星巴克并不是一家餐厅或咖啡厅。星巴克销售成袋的咖啡豆以及简单的手工酿造机，但不销售咖啡饮品。然而，顾客在购买一袋咖啡豆之前可以免费品尝不同口味的咖啡样品，并了解咖啡豆的起源。

舒尔茨被眼前的场景深深吸引住了。店主选取来自世界各地的优质咖啡豆，亲自把咖啡豆烘焙到最佳口感，磨碎，然后小心翼翼地倒进一个热水瓶过滤器让顾客品尝。

舒尔茨品尝后对此印象非常深刻，但是他还有更好的主意。他发现了缝隙。

舒尔茨此前曾前往意大利，在那里他观察到人们在日常喝咖啡的过程中进行社交活动。他意识到，人们想要找到一个放松身心和会见朋友的地方。这样一家咖啡厅必须充满特色和个性，具有足以让人放松身心并愿意在这里悠闲地品尝咖啡的环境。

舒尔茨找到星巴克的老板，然而他们并不同意舒尔茨的计划，他们不想经营一家餐厅。

舒尔茨在星巴克用自己的方式工作了整整一年。最终，他让星巴克的老板们相信星巴克有巨大的发展潜力，而他正是发展星巴克的适当人选。

为了得到更多好处，舒尔茨提出愿意降低自己的工资来换取公司股权。

第一家开业的星巴克咖啡厅拥有大部分零售空间。任何人想喝一杯咖啡都必须走到店里面，从陌生的菜单上点一杯咖啡，然后站着品尝。股东们仍然抗拒舒尔茨的计划，所以他们拒绝提供桌子和椅子。他们确信舒尔茨的想法行不通。

幸运的是，下了一场及时雨。西雅图的居民们想要到店内喝一杯热饮。人们排成长队来品尝新鲜的饮品，后来发生的事情就众所周知了。如今，舒尔茨这位亿万富翁还在继续扩大星巴克的规模，他仍然是美国最著名的商业案例之一的创造者。

有远见的舒尔茨跳出常规思维实现了星巴克的真正潜力，这是商业中最关键的因素之一。跳出常规思维框架（给你的枪鱼加上火焰）并留意缝隙机会，那么灵感就会随之而来。最终，你的想法会浮出水面，而你也可以打造自己的未来。

当你专注于寻找自己的“独门绝活”时，要从舒尔茨身上吸取经验并兼顾全局。想想世界各地正在发生什么事情？接下来，环顾你的四周。你所在的社区、县、州或国家正在发生什么事情？

情况会发生变化，技术会提高，新产业也会应运而生。集中注意力，留意缝隙中存在的机会，你就可以充分把握未来。

我设计和生产的不锈钢骏马雕塑，它们刚从中国运来

无论是你找到了梦寐以求的女友，得到了一份不错的工作，还是取得了经济上的收获，成功的美妙之处都在于不论你失败了多少次，你只需要做对一次就够了。

——马克·库班

第 6 章

把一种商业创意转化为另一种产品

这世上肯定不止我一个体育迷，你可能也是某个体育团队的铁杆粉丝，无论他们是职业团队还是中学时代的学生团队。如果你曾经喜欢过某个体育团队，你就知道，体育纪念品和粉丝的热情几乎是如影随形。

我也有过一段痴迷体育的往事，这股痴迷劲最终使我成功地经营了体育纪念品生意。整个事情要追溯到 20 世纪 80 年代末 90 年代初，当时体育纪念品形成了一个价值数十亿美元的产业。

我想在新兴行业中占据一席之地。一直以来，我都喜欢搜集很多类型的艺术品——汽车、摩托车、旧式的冷饮贩卖机、煤气泵、点唱机、自行车、老虎机和体育纪念品——并把它们陈列在我的办公室、住宅以及商店里，因此我决定设计与体育纪念品相关的挂壁饰板。我把体育奖牌、运动卡、2.4 米 ×3 米的亲笔签名照以及铭牌一起放在一张 3.6 米 ×4.6 米的定制挂板上。

旧可乐机器被设计
成可口可乐沙发

我收藏的古董气泵、
弹球机、自动点唱机

修复 20 世纪 50 年代
的狮堡点唱机

把可口可乐贩卖机
恢复到原来的形状

完成这个作品时刚好赶上销售大型体育活动纪念品的热潮，于是我生产了 5 种不同颜色的高品质饰板并进行销售。之后我还继续创新，以版饰为基础，在上面安装了亚克西材质的透明封盖来保护里面被展示的纪念品：足球、篮球、棒球、头盔、球拍或其他物品。

我依然拥有更多的点子来做大这门生意，我不断思考如何让我的想法更有创意。也许我可以设计一些在体育纪念品行业从未出现过的产品。

我的想法是：设计一个尺寸为 13 米 ×12 米 ×2.4 米的、前面带有一扇门的时尚装箱。箱门一侧由铰链连接，以便收藏者拿到装箱内陈列的物品。装箱内展示了运动员的球衣，并有足够的空间放置一张 2.4 米 ×3 米的运动员照片及一张铭牌。玻璃门在起保护作用的同时还可让人欣赏内部的展品。

然后我还设计了一个装箱，里面有米奇·曼托的球衣、照片和铭牌。我在一件乔·狄马乔的球衣两侧添加了一个棒球、球拍、一张卡片和一顶帽子，让设计变得更加完美。

这成为我最畅销的模型。通过利用最具收藏价值的乔·狄马乔和米奇·曼托的球衣，我的设计成功吸引了人们的眼球，由

我创造的高尔夫球展示箱

1990 年，我的体育纪念品办公室

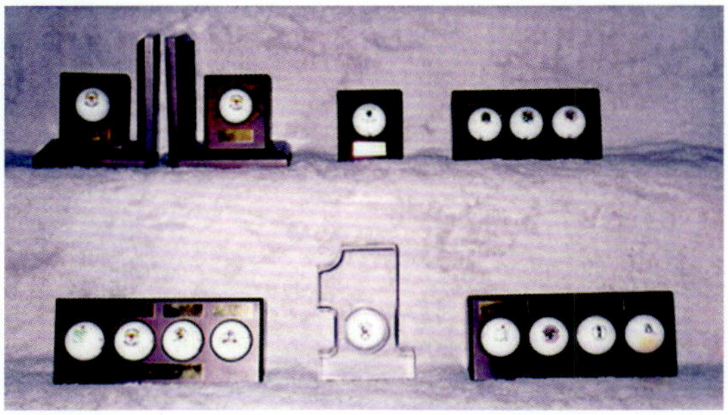

我创造了很多新的高尔夫球装箱

此我看到了无限的可能性。

我在饰板的三个边缘都刨制了凹槽，并把四面透明的亚克力壁镶嵌在顶盖边缘的凹槽中。它的每个细节看起来都不便宜。实际上，这个装箱看起来像劳斯莱斯一样昂贵。不出所料，它被抢购一空了。

我在它的底座进行了高光黑和高光白处理，它成了体育纪念品行业的第一个装箱。

设计高尔夫纪念品的想法已经在我脑子里存在一段时间了，但是我一直忙于其他设计因而搁置了这个想法。我利用一切空余时间来构思高尔夫纪念品的设计方案，然后我想到了设计一个尺寸为 2.4 米 ×1.2 米 ×0.3 米的、中间钻了一个孔的亚克力箱。

亲笔签名 44 壁挂式
44 x 44 展示箱

亲笔签名 44 壁挂式
44 x 44 展示箱

亲笔签名 44 壁挂式
44 x 44 展示箱

受艺术家委托，我已完成并销售了重印版

高尔夫球手可以把高尔夫球展示在这个孔中，以庆祝某次一杆入洞的经历。

我在这方面投入的精力越多，我便产生了越多的创意来展示运动员的亲笔签名和纪念品。我不断尝试用不同的亚克力材料来保存这些纪念品。不知不觉，我已经设计生产了几十种不同的产品。

然后，我找到了这家全球最大的体育纪念品公司——Upper Deck。

当我走进 Upper Deck 的办公室时，我意识到它正在翻新。办公室里甚至没有一张可以让我放置产品的桌子。我环顾四周，迅速发现了两个锯木架和一些胶合板。

我在 Upper Deck 的大厅里简单搭建了一个桌子来放置我的产品。我向他们展示了我的单球、双球、三球、十二球、二十四球、足球、棒球陈列框，以及威帝麦片盒。

我设计的产品给 Upper Deck 的高管们留下了深刻的印象，于是在离开之前他们同我签订了一份合同。

里弗赛德的本地工厂负责制造我所有的产品，Upper Deck 则把这些产品销售到世界各地。我的产品最吸引 Upper Deck 的地方是它的设计新颖多样且品质优良。在我们见面之前，Upper Deck 大概只有 8 种纪念品展示方式，吸收我的设计后，该公司展示体育纪念品的方式达到了 70 多种。

在短短数周内，我设计的产品一生产出来就被抢购一空。在几年时间内，我的产品就占据了体育纪念品市场的绝对份额。

然而即使我已获得了这些成功，我仍在构思新的创意，希望能开拓其他业务。在行情急剧下跌之前，我卖掉了自己的体育纪念品公司。

随着时间的推移，我一直思考在体育行业牟利的新方法——销售罕见的带有签名的体育纪念品的陈列箱。我设计了一个尺寸为 12 米 ×12 米 ×2.4 米的带有运动衫、球拍、球和一张 2.4 米 ×3 米的照片陈列箱。体育爱好者们愿意花高价购买这些陈列箱（其中一个陈列箱卖了 20,000 美元）。很多陈列箱至今仍被展示在世界各地的家庭或办公室里。

这时，拉里·伯德开始发挥他的明星效应了。

如我所说，我一直在构思展示运动员亲笔签名的新方法。这是我曾有过的最奇特的想法：如果我去波士顿凯尔特球队找到拉里·伯德并请求他在十箱波士顿烤豆上签名，那么会发生什么？

他竟然答应了！拉里·伯德在十箱波士顿烤豆上签上自己的名字让我销售。令人惊讶的是，仅仅一盒波士顿烤豆就可以卖到1,000美元。你可以参考一下，如今一盒波士顿烤豆只卖30美元——而我的一盒烤豆却卖到了1,000美元！

然后我又有了另一个创意。你知道你可以买到未经切割的连钞吗？当然可以。我曾经买过1,000张未切割的1美元连钞，并且付费给彼得·罗斯让他为这些连钞签名。我保留了大部分连钞，但其中一版未切割的1美元连钞就卖了1,000美元！

我也见了许多大牌体育明星。米奇·曼托、乔·狄马乔、泰德·威廉斯、雷吉·杰克逊、路易·康帕内拉、彼得·罗斯，等等。从事这门生意时，我认识了非常多优秀的人。

诚实面对自己

我告诉你这段经历是因为做生意对我而言就像呼吸一样自然。谁会料到一盒波士顿烤豆竟会卖到1,000美元呢？我和你一样惊讶。当我在构思该想法时，我只是对其潜在价值感到很兴奋。而且，看着拉里·伯德为这些豆子签名是一件多么有趣的事情！

并不是人人对商业都有这样的感触或想法，也并不是人人都会拥有一家公司，因为不同的人擅长的方面也不一样。有些人更适合成为员工，而有些则适合成为雇主。

找到适合你的发展方向，包括足够诚实地思考你在哪方面能够发挥得最好。你已经阅读了该书前几个章节，那么现在你要问自己一个重要的问题：这本书是否看起来很有趣？

即使你并不打算销售一盒带有明星亲笔签名的波士顿烤豆，但是你在阅读这些故事时要留意到自己的内心活动，这样你可以收获很多。你认为销售10盒波士顿烤豆有趣吗？还是对此感到焦虑？学习创新会引起你的兴趣，还是会让你陷入恐慌？当你在阅读他人的创意时，你是否开始动脑子思考，还是觉得无聊？

事实是：比起创业，很多人作为员工为他人工作取得的进步更大。

你知道吗？这并没有什么好羞耻的！作为一名员工你也可以赚很多钱！当肯德基上

市时，公司很多普通员工都通过销售自己持有的公司股票变成了百万富翁。

通往财富的道路不计其数，成为一名企业家并不等同于取得了成功。只有遵从内心的召唤，你才能成为一名企业家。假如你对成为一名企业家毫无热情，常识断定你选择一条不同的道路会发展得更好。美利坚公司也许就是最适合你上班的地方！

但是如果进入美利坚公司对你并无吸引力，那么考虑其他不用开公司就可赚钱的方法。比如成为一名家庭医生。在获得行医执照之前，这些医生已接受了12年的医学教育。但是他们对商业感兴趣吗？他们接受过商业培训吗？

然而，很多医疗实践都很成功，因为这些医生敞开大门并雇佣员工为他们打理一切商业事宜。这些医生在行医治病的同时把商业事务分配给他人管理，以此谋生。

还有另一种赚钱方法：你可以把自己的创意授权给其他公司，不用全职经营一家公司。

请花一分钟时间思考：你在生活中有什么需求，以及你的家人需要你提供什么帮助。你满足于成为一个普通上班族，通过在公司内部获得晋升的方式来赚钱吗？假如你的回答是肯定的，那么去找一份这样的工作！成为一个普通上班族并不丢人。实际上，你工作的时间可能更少，承受的压力更小，并能够为家庭做出更多的奉献。

但假如你的回答是否定的，那么你也许适合创业。如果你的心中有这样一个念头，认为没有什么比为自己工作更能让你满足，你就要知道你应该开始思考如何成立一家自己的公司。虽然比起普通上班族你会更加辛苦，而且为实现目标你必须不遗余力地坚持下去，你却能够过上自己想要的生活，并且在未来某个时刻回顾过去时才不会感到遗憾。

经营生意的压力很大，也十分复杂。然而，如果你追随自己的激情，你也会得到很多回馈和机遇。我顺从了自己的内心，因而很多机会的大门都为我敞开了。我已经走遍了整个世界——从中国开始，我也做过很多事情，我见到了很多了不起的人物，你认得其中一些——像奥普拉·温弗瑞、玛丽亚·凯莉、米基·曼特尔、里奇·亨德森、乔·蒙大拿、雷吉·杰克逊、惠特尼·福特、图帕克、阿香蒂、雪儿、罗德·斯图尔特、迈克尔·杰克逊、五分钱乐队和奥利弗·斯通——更别提那些默默无闻的励志的工厂主、企业家、餐饮家、雇员和我的客户，他们对我的生活产生了重大的影响。

我和阮迪·欧文的阿拉巴马乐队

我和伯尼·利特尔，百威啤酒

我和阿香蒂（歌手）在全美音乐奖颁奖典礼

我和梅西·埃丽奥特在全美音乐奖颁奖典礼

为自己工作一直是我做过的最好的决定——不论生意好坏我都这么认为。我喜欢突破常规思维，创造新产品。我兴高采烈地带着这些豆子去找到拉里，一想到这些创造性的努力会让我在未来受益匪浅，我就无比兴奋。人人都在为同样的篮球、棒球和足球签名。我发现通过改变策略可以让我赚到更多的钱。

我和泰瑞斯·吉布森（演员）在格莱美颁奖典礼

我和五分钱乐队在格莱美颁奖典礼

我和伯尼·利特尔、韦恩·赫伊津哈、汤姆·坎迪

品质卓越的全铜门框，由广州市钰盾门业有限公司生产

第二部分

创业前的准备

认真了解与你的经营理念或产品相关的一切信息，展开全面的研究和调查，这样你的知识才更加丰富。如果人们感受到你确实了解自己在做什么，那么他们将会尊重你，听信你的话并帮助你。

——洛里·格雷纳

第 7 章

做好功课

我曾开车兜兜转转好几个星期都没找到合适的仓库。我要拓建制造厂房，因而需要一间仓库，于是我走访了无数个社区，参观了不计其数的工厂。然而我并没有找到合适的仓库，于是我继续开车寻找。

最终，我看到一栋待售的外形奇特的空建筑，于是我停了下来。这里之前是一家公共汽车修理店。它是一栋具有单一用途的建筑，面积大概有 740 平方米，分为 4 个区域。

该建筑已经空置了很长一段时间。它不是大多数公司理想中的仓库：上一家租户把其中 3 个区域用作公共汽车喷漆房。尽管这几间喷漆房是大多数人的眼中钉，我却把这当做一次商机，保留了它们本来的样貌。

我发现，该建筑的水泥结构墙围起来的面积大概有 325 平方米，因此我可以在喷漆房的外围加建同样的水泥结构墙壁，这样这 4 个区域就被连接起来。我建了水泥墙，并利用内部结构墙构成一间大陈列室，其窗户面向建筑物前部。那样做，我便可以接受这栋卖不出去的单一功能建筑，以低于市场价 30% 的价格买进，然后再从另外一个角度加倍投资。

假如我没做功课，我永远都不知道该怎么办。在那之前我参观了许多地方，并进行了相关阅读和调研，了解了法律法规。

正因如此，我才看到了机会。

不论你从事什么买卖，你都要做好功课。收看电视节目，阅读书籍，与人交流，了解相反的观点。无论你的“独门绝活”是什么，你必须投入时间和金钱去真正地研究市场。

假如，你正在购置房产，那么你不得不开车去考察比你想象的更多的地方。假如你正在采购一样产品，你将不得不在这个领域花费比你预设的更多的时间来挑选。

无论通过哪种方式赚钱，记住，你必须做好功课才能真正实现你的想法。你必须专注。通过提前做好功课，你将节省很多时间和金钱并减轻后来的压力。

所以当你不太明白的时候，请提问。投资你的时间和精力，去弄清楚你到底想要什么。

这里有几个开始研究商业创想的好地方。一定要注意最后一个，那是你开始研究最重要的一个地方。

www.sba.gov

美国小企业协会为所有创业人士提供有用的信息。该网站提供书写商业计划书的建议，以及有关贷款和创业补助金的信息。你可以找到不同行业的数据。它甚至还为你可能还曾未想到但经商创业必须了解的事宜提供指导。

税务专业人士

不同的公司实体类型将享受不同的税收优惠及承担不同的税务责任。构建一家公司有很多种不同的方式，你需要在你的会计师或税务律师的帮助下来决定采取什么样的构建方式。

在附录中查找有关你可能创建的 5 种不同类型的公司实体的描述。

图书馆

另一个寻找信息的地方是当地的图书馆。有用的信息搁置在图书馆的围墙内，等待着你去探索。为了给你的梦想加油，你可以阅读其他人的经历。

州务卿

本地的州务卿办公室和网站通常会提供开业和停业所需的表格以及其他你需要了解的法律要求。你可以研究你潜在的公司名称，看它是否此前已被其他企业注册过。

www.uspto.gov

如果你拥有一项发明，那么去美国专利和商标办公室网站核实。你可以在该网站进行搜索，核实是否已经有人注册了你的创意。你也能搜索到有关如何提交一项专利或商标及其所需正确形式的相关指导。

社区学院

如果你想通过一种简单便捷的方法来学习商业软件，例如 QuickBooks 或 Excel，那么你当地的社区学院通常会提供便宜的课程。你也可以修几门每位企业家都需要了解的主题课程，例如会计、市场营销，以及商法。通常情况下，社区大学为了配合你的时间，会为你提供方便的夜间课程和周末课程，并提供免费顾问为你解答有关职业发展方向的问题。

大学

我坚信教育的重要性，并十分尊重为培养未来领导者而辛勤工作的大学教授。许多有才干的老师和教授通过把自己的社会实战经验运用到课堂中来培养下一代人，并把宝贵的知识传授给他们的学生。

社会实践

一张大学文凭可以在生活中为你敲开许多扇门，但这还不够。事实上，很多人持有好几个文凭，但他们仍然从事着工资水平最低的工作。

仅靠研究和知识还不足以让你取得成功。要想取得成功，你还需要在早晨一觉醒来之时就对这一天有确切的把握，并做出积极的努力。

我总是给有潜力的创业人士这样一条建议：要获得尽可能多的实战经验。周游世界，结交朋友，找到一份行业内的工作，即使它只是一份兼职工作。

这些经验会带给你教科书以外的知识。当你遇到业内人士，多向他们请教问题，学习他们的思维，接受他们的忠告，向他们请教为什么其他人失败了他们却取得了成功。我提到过，即使现在，当我遇到令我感兴趣的生意时，我都会走进去和老板聊上几句。这使我了解当今的世界，我把它当做是我一生都要做的功课。

你必须愿意投入，和他人接触，并锻炼你的好奇心。任何行业都既有人成功，也有人失败。这是为什么呢？四处咨询一下，看你是否能找到答案。像这样做好功课并提问，你则有更大的机会取得成功。

在商业世界里，知识就是力量。因此，无论你做何选择，都要随时做好功课。在投入任何事业之前都要做尽可能充分的研究，这点重要性再怎么强调都不为过。你了解的知识越多，你就越明智，促成事情发生也会变得更加容易。在实践中花时间研究这个世界是如何运作的，这将为你指明方向，为你节省大量时间和金钱。

幸运就是，当机会来临时你已准备妥当。

——丹泽尔·华盛顿

第 8 章

制订你的商业计划

曾有一段时间，我开着一辆保时捷在一家比萨店打工。

这听起来有点不可思议，是吧？事情是这样的：一位有钱的绅士为了教自己的孩子如何做生意，开了一家快餐店。这家人试着销售奶酪和冷饮，但是孩子们很快就没了兴趣。孩子们越来越不满意自己的父亲，而且这家店也并不盈利，于是这位父亲决定放弃。

幸运的是，我与这位老板聊了起来并了解到这家比萨店所处的地段非常完美。于是我买下了这家店，但是我却面临一个问题：我不知道如何制作比萨。作为一名 23 岁的年轻人，我的简历着实令人印象深刻，所以我很容易就在 Lamppost 比萨店找到了一份工作。

我努力地工作，留意一切细节，因为我需要迅速学会制作比萨的每一个步骤。

一周后，我的老板开车去洗车店。他在排队时注意到一辆崭新的定制保时捷，而车牌上面有我的名字。不用说，当他看到我开着这辆保时捷时十分惊讶。

他敲了敲我的车窗。当我摇下窗户时，他对我说的第一句话是：“没想到你原来是富家子弟。”

这真是一次不愉快的对话！我不是一个富家子弟，我是一名企图与他展开竞争的创业者。我解释我是通过自己的努力获得的这一切。我告诉他我正在学习怎样用传统的方法制作比萨——通过从他那里获得一份工作。

当我说我正打算在街边开一家比萨店时，他很愤怒。但接下来他就对我刮目相看了。我告诉他，还没到达准驾年龄以前，我就已经赚到了买车的第一桶金。于是，他刷新了对我的认识：一个胆识过人的年轻人。

自那之后，我们对彼此的态度就十分友善，甚至会互相帮助。当然，我们是竞争者，但我们却可以共同盈利。所以当他的比萨面团用完时，我总是把自己的面团卖一些给他。当然，他也会这样对我。

半年后，我的比萨店经营地有声有色，人们纷纷出价购买这家店。这些报价来的很及时，我正准备转行。

我告诉你这个故事，是因为每个创业者都有其强项和弱项。提前了解自己的优劣势能够让你扬长避短。

写一份正式的商业计划会帮助你识别自己所有的优缺点，并帮助你超越竞争对手。大多数人一头扎进商海前并没有花足够的时间进行研究。仅仅因为他们没有花心思对当前的情况展开研究和制订计划，因而经常犯一些代价高昂的错误。

于是，当你决定经营一门生意时，你的首要任务就是写一份

商业计划书的封面

商业计划书。就算你不需要寻找资金，写下梦想也是实现梦想的一个重要步骤。只是有想法还不够。你可能有很多想法，但是如果你不把它们写下来，你将怎样实现这些理想呢？你将如何检测到所有潜在的阻碍，并制订一项计划来应对潜在的风险呢？

提前花时间来制订计划可能看似繁琐且令人烦恼，但是我确信，在实施过程中，这项计划会为你节省时间。由于时间对你而言永远都不够用，所以你需要尽量争取额外的时间。此时计划书就派上用场了。

计划是生活的一部分。虽然有些人靠投机发达，但如果他们不学会做计划，他们的发展潜力将被限制。如果他们仍然坚持不做计划，他们最后将会面临绝对风险而不是预期风险。

不论你做什么生意，你在起步和经营的过程中都需要投入大量的时间和金钱。这是商业计划之所以重要的另一个原因。当你需要启动资金时，你的商业计划书是获得贷款或风险投资的关键。银行在向你放贷之前，其职员需要弄清楚你究竟如何使用这笔资金。他们首先询问的就是你的商业计划。

当然，如果你已经拥有了启动资金，那么商业计划将合理地把这笔钱分配给具体用途，进而保护你的投资。如果你提前花时间做研究、做计划，那你将避免很多错误。

现在让我们看看一份优秀的商业计划书具有哪些必要元素。虽然所有的商业计划书都不尽相同，但是至少应该囊括以下九个元素。

执行摘要

这是对整体计划的简短总结。它应该有一到两页，突出了你的计划中最激动人心和最具前景的方面。执行摘要是商业计划中最重要的方面——银行和潜在投资者可据此判断自己是否应该继续阅读之后的内容。即使你的商业计划只在公司内部使用，你并未打算把它呈递给投资者或银行，你也要腾出时间写执行摘要。通过认真思考你的生意亮点，你会非常清楚自己应该把精力集中到什么地方，以及你最需在哪个环节克服障碍。

描述

再次注意，保持简短亲切的风格。抓住这次机会描述你的公司提供的产品或服务。你的产品和服务怎样满足客户的需求？是什么让你的产品或服务超越了类似的产品或服务？你还提供哪些额外的特色服务？

潜在客户

识别哪些人最有可能购买你的产品。如果你能够描述你的理想客户，那么他或她有什么特征？如果你知道你的目标客户是高中生，那么针对他们的营销材料和针对家庭的营销材料将截然不同。

竞争分析

别人已经在销售你的产品或服务。那个人做得怎么样？你会怎样做到更好？当你分析竞争对手正在做什么时，你可以想出一项超越他的计划。假设你正经营着一家比萨店，它就在一所高中附近。鉴于其他所有的比萨店都以家庭为目标客户，你则可以把目标客户定义为高中生，在店里添置几台复古的电玩游戏机，挂一块黑板，在上面列出得分最高者，或者以得分最高者的名字来命名那一周的比萨。这将成为你的竞争优势。

行业趋势

请回答这些问题：

- 你的公司有何潜力？
- 有什么因素可以给你的生意带来回报，是这个行业？还是过时的技术？
- 该行业的现状如何？
- 该行业正在发展还是衰落？
- 你怎样才能超越行业标准？

成立计划

请回答这些问题：

- 执行这项计划要花多少钱？
- 这些钱将从哪里来？
- 你将靠什么实现盈亏平衡？
- 你需要雇佣多少员工？

你的商业模式

想要开一家餐厅？请花点时间思考必要的组织工作。具体而言：

- 你怎样找到一个好地段？
- 你的菜单上将提供哪些菜品？
- 餐厅需要多少张桌椅？
- 谁是你的目标客户？
- 如何发放工资？
- 你需要转让多少店面以维持盈亏平衡？

退出战略

大多数人在开业初期过于兴奋而并未考虑到将来公司可能会倒闭。虽然如此，提前考虑这个问题会帮助你在接下来的经营中节省大量的精力和资金。提前制定一个退出战略，这样当你最后关闭或卖掉你的公司时，你便能依据该战略采取行动，撤离时带走尽可能多的初期投资。

假如你购买了一家比萨店并打算在几年内转手卖掉。当你心中有一个退出战略时，你就知道必须培养一名职业经理人。关于如何经营一家比萨店，他知道的应该同你一样多。你可以为这位经理支付稍高的薪水，这样他就会留下来。这样你就可以确保公司拥有一名优秀的员工，他可以帮助新店主轻松过渡，而且甚至可能因为这位优秀员工，你可以把比萨店卖出更高的价钱。

现在计划好退出战略的另一个原因是：你并没有对你的生意投入太多情感。每个生意人都对自己的生意倾注了情感，而你这时能够顾全大局，且不大可能因为这种情感依恋而分心。

预计现金流量

如果你拥有一颗能够预测将来的水晶球，那么制订商业计划就会容易许多。因为一旦开始，便没人确切地了解接下来会发生什么，所以现金流预测始终是一种据理推测，但是它的确是你的商业计划中不可或缺的一部分。它们不仅能够让你识别所有的动态元素，它们也会为投资者展示你是否已经认真地考虑过这门生意所涉及的一切因素。

首先考虑你的收入

我们继续以比萨店为例。先考虑餐厅最大的潜在满座率。假设你的餐厅有足够的桌椅和空间，一次可容纳 100 位客人。

然后假设每天每个座位会迎来 2 位客人，至少一开始是这样。所以这就意味着餐厅初期每天会接待200位潜在客人（你的预测可能显示，顾客数量随着时间的推移有所增加，因此每个座位每天会迎来 5 到 6 位客人）。

现在估算菜单的平均价格。也许你提供了一份套餐，里面包括两块比萨、一块起司面包、一瓶苏打汽水，售价 8.99 美元。

然后，用平均菜单价格乘以最大满座数得出潜在利润。

200 人 ×8.99 美元 = 1798 美元

如果你全年平均每周开业 6 天，那么你的年销售额可能是 560,796 美元。

然后计算你的开支

估算费用比估算现金流要容易一些。你会明确地知道你的房租是多少，并且可以向房东了解水电费用。你也知道工资成本以及设备成本。

我的建议是从无法回避的费用开始计算：房租、水电费等等。这样，你便大概了解还剩多少钱可用于营销和宣传。这样你便可判断是否应该在本月购买电玩游戏机还是先等一两个月直到流动现金稍微充裕时再买。

我并没有明确解释什么叫现金流预测——我故意如此。整本书的内容都与现金流预测相关，而且你还可以上网查找很多预测现金流的相关案例。

对于现金流预测和商业计划书而言十分重要的一件事是：做好功课。虽然你需要在某些方面加以猜测，但请不要对一切都进行猜测。记住要做研究，做更多的研究，然后反复确认你的研究成果。现在就找到答案，那么以后你将会节省大量的时间并避免很多令人头疼的麻烦。

细节决定成败，纠正这些细节，一切值得等待。

——史蒂夫·乔布斯

第 9 章

找到合适的地段

我有一个朋友向美容学校和职业化妆师销售化妆箱。待会我会告诉你有关这位朋友的更多信息以及她早期遇到的一些挑战，但是现在，让我们先跳过这部分往前看。最终，我这位朋友决定开一家可以直接面向零售客户的美容院。虽然她当时所在的地点有充分的可利用空间，但是她想搬去一个更加显眼的地方。

同很多生意人一样，她知道占据合适的地段至关重要。但是到底什么才是合适的地段呢？

四处寻找后，我们在高速路边找到一处地方。它是沿公路商业区的一部分，该商业区建在高速公路和驶出匝道之间的一小块土地上。因为每天都有成千上万辆车经过，所以这里似乎是一个为她生意打广告的好地方。

事实证明，这是该地段唯一的优势。

来到这里之后就是一场噩梦。这条商业街只有一个入口，而且因为它正好坐落在高速公路口的旁边，所以司机们经常把高速公路口误认为建筑入口。潜在的客户糊里糊涂地驶入高速公路，最后很失望。

如果潜在客户足够幸运找到了这条商业街，并没有拐错方向，那么他们就会对这个地点很满意。建筑表面残留着一层旧油漆。它自带的停车场地十分有限，外部采光条件很差，植物也萎靡不振。这个地方也并不怎么干净，我猜这里并没有被强力清洗过。

内部装饰也好不到哪里去。消防喷头暴露在外，并未被遮挡起来。天花板上劣迹斑斑，灯具是 20 年前的陈旧设备，所有的浴室都无法使用。

另外，室内装修还未完成。这一大片空间需要大量装修后才能使用。我的朋友还得建一间办公室、一间浴室、一间员工休息室，以及一些用于美容服务的单间。

而且，业主还收取高昂的租金。

她已经在租约上签字了。我向她解释，她从事的行业很看重外表，因而她需要的是一处看起来很精致的地方。可惜，她十分中意这个高速公路的曝光度，所以她没有理会我的劝告，她仍然坚持租下了这个地方。

新的问题很快浮现了：电力状况很差，空调得重新更换，管道也堵塞了。

事情开始演变成一场噩梦，即便是承包商都没有办法解决我们在打造这片空间时遇到的各种复杂的问题。

这时，我们坐下来一起想办法解决了这些问题。她为装修空间支出的费用已经差不多达到 75,000 美元，超过了她的预算，她还把这里的缺点列了出来：

- 车辆难以驶入
- 没有仓库存放她将销往美国各地的化妆箱
- 高昂的租金
- 没有网络
- 空间过大，这意味着她为不必要的面积支付了额外的价钱

在“优势”一栏里，唯一的一点是经过高速路的司机们可以看到美容院的广告。“劣势”多于“优势”——并且超过很多。

最后，我们决定就在她原来找好的地址经营美容院。该位置的优势包括：租金低，开销低，以及一间重建的用于收发货物的仓库。为何不在这间现成的仓库前面建立一间

旧建筑里相邻的两家公司

旧建筑的新结构设计

在同一建筑里，新设计了一家或两家公司

零售店面呢？

虽然她失去了高速路的车流量，但是这个“劣势”最终并没有让她受到损失。她有如此多的客户知道她的化妆品生意，因此她并不需要那么高的曝光度。她目前的店面位置已经足够可见。

现在，她的美容院和化妆箱都给她带来了巨额的收入。

由此得到的教训是，在考虑选址时，你需要始终运用常识。合适的地址将在其“优势”一栏呈现好几项不同的优点。

识别一个好位置

进入这座建筑

这个地方有多容易被找到？如果你第一次去参观这座建筑就走错了三次，那么注意你的客户同样会很难找到这个地方。如果你不能很轻松地到达，那么你不必白费力气停好车去视察。你想要一个容易进入的位置，从最近的街道或高速路就可进入。

记住送货卡车需要更大的停车空间，因此一辆大货车可以轻松地出入吗？

你会惊讶地发现很多公司竟然花高价租赁一些难以出入的地方。如果你将支付 2000 美元的月租，那么你就要去寻找一个月租为 2000 美元的、能为你带来最大利益的地方。

隐私与宣传

以日光浴和打蜡沙龙为例。顶尖的沙龙通常都有一条隐蔽的私人通道。客户希望出入沙龙时不被人发现。如果他们必须穿过美容院才能到达后面的日晒床，那么每个人都会盯着他们被晒成棕褐色的皮肤看。隐蔽通道让客户觉得非常贴心，如果客户不得不忍受其他顾客注视的目光，他们会感到很尴尬，很可能就会换一家日光浴和打蜡沙龙了。

另一方面，发廊需要关注度和宣传。我的朋友发现，地段并不需要十分显眼——足够吸引一些人流量就可以了。毕竟，口碑会从这里传出去。

洗车店和杂货店也需要位于显眼并且方便到达的地方，这样才能招徕客户。这就是你在商业中心发现它们很显眼的原因。

成本

好消息是，通常最佳位置都不是最昂贵的。人们喜欢比弗利山庄的罗迪欧大道或拉古纳海滩的太平洋海岸公路，但是昂贵的租金导致他们把所有的利润都付给了房东。

最佳位置通常也不是最便宜的。一些欠佳的地段提供长期租约，头几年免租金。然而，他们免租金是有正当理由的：他们需要租户，因为位置并不是很好。

记住，在低收入地区，生意并不一定难做，这取决于你的市场。Styles for Less 是一家卖衣服的商店，它就在相对落后的地区做得很好，因为人人都需要新衣服和新款式，便宜的选择适合购买者的需求。Payless Shoes 鞋店专注于提供质优价廉的产品，它以同样的方式获得了成功。汽车零配店和汽车修理店也在这些地方做得很好，因为周围低收入人群经常花钱修理旧汽车，而不是购买新汽车。

门的尺寸

你能够把所有的大型设备从前门搬进去吗？这似乎是一个最简单的问题，但是总会发生这样的事情：人们搬去一个新地方，却发现门的宽度不够。于是他们花钱请来一家玻璃公司，暂时移除建筑前面的玻璃板，这样他们才可以把设备搬进店里。紧接着，他们为了把设备搬去房间内部，又不得不敲碎墙壁或扩大门框。除非你想移除石灰墙和门框，再花钱更换，否则请带上一个卷尺。

网络是否可用

甚至现在依旧有一些建筑位于网络条件有限的地方。我曾经在棕榈泉租了一处地方，因为它是新建筑，所以我并没有检查数字用户线路的接入情况。结果，旁边的大山阻挡了信号，我当时只能通过拨号联网。从我身上学到的教训是：没有高速因特网根本无法经营一家公司。我们搬走了，这耗损了我们的金钱、时间，并磨损了我们的设备，这一切都归咎于一个被我忽略了的细节。

水电费

电力必须达到一定标准并且可用。检查煤气管的位置是否正确。如果没有安装电源，那么你要为点亮这个地方付出高昂的代价。检查水管和水管线路。如果以上任何一点有缺失或不足，去寻找下一个地方。记住，你能够以相同的价格租到很多其他已经安装完备设备的地方。

分区

要核对这座城市是否允许你在建筑里经营你的这类公司。每个城市的分区法都不尽相同。记住，房东总是告诉你，你能在这栋建筑里经营这种类型的生意，即使实际上你并不能。如果你不想尝到苦头后再被迫离开，那么你得亲自花时间查阅分区法规。

厨房（如果你要开一家餐厅）

白手起家创建一家餐厅，厨房通常是占据预算最多的地方。如果你可以租到一家曾经是餐厅的店面，那么你将拥有现成的厨房。最重要的是，记住你需要确认已安装的厨房设备是否符合你的需求。如果你购买了一家比萨店，烤箱会烤出很棒的比萨，却并不能烤出很棒的面包。比萨烤炉通常带有一块石头底座，这有利于烤制扁平形状的食物，然而大多数面包是用传统的烤炉制作出来的。

招牌

建筑外应该有一块合适的招牌来吸引人们的注意力。你需要在一个光线好的位置安装一块明亮的招牌。而且，在把招牌安装到某个位置之前，你先要了解相关规定：这里可以展示什么类型的室外广告，可以在什么地方竖立旗帜，等等。与业主协商并核对有关城市招牌的法律法规。

其他规定

如果你的生意会产生噪音，你要确保没有打扰到邻居。必要时使用适当的隔音装置以降低噪音。如果你在生产过程中不得不喷洒化学物质，例如油漆，核实城市是否有相关规定，如每天可以喷洒多少化学物质，这些化学物质需要与离学校保持多远的距离，可以在哪里处置化学物质，等等。

你可能已经猜到了，这一切经验都源自我的个人经历。一位男士曾经打电话告诉我，他想生产与真人原型一样大小的蜘蛛侠公仔。音像店很快就要开始出售最新的《蜘蛛侠》电影了，所以他想要在一些特殊活动中利用这些公仔进行促销。

生产商想出各种类型的设计——真人大小的纸板公仔、充气公仔、毛绒公仔——但是他不确定哪种设计会吸引购买者。他想得到我的帮助。

我认为最畅销的产品可能是一件充满艺术性的、真人尺寸大小的设计。制造商可以通过营销活动把这些产品卖给音像店（这发生在网飞公司让音像商店破产之前）。每家音像店都可以抽取一个蜘蛛侠公仔。所有没卖完的公仔都可以在二手市场上出售，这样至少可以回笼 50% 的成本。

我们用一台搪塑机器来设计公仔。我拥有一家很大的工厂，它有足够的空间来生产这些公仔，它还有两间大型的汽车喷漆房以及一个室外大庭院。我最喜欢的环节是把液态乳胶倒进一个由水射流切割机制成的铝制模具里来设计网状风格的腿。机器喷射出一张 4.3 米 ×4.3 米的正方形乳胶，上面带有钻石形状的穿孔。我们把这张乳胶贴在它的腿上，然后朝它喷洒蓝色的喷雾，再取下被喷上颜色的这张乳胶，最后网状图案便留在

设计真人大小的蜘蛛侠公仔

生产的 2500 多个蜘蛛侠公仔

我仓库里的一大群蜘蛛侠公仔

蜘蛛侠的整条腿上。

我们在衬衫上手工制作了一张更大的网。我们在衬衫上贴好胶带，喷漆，最后生产了大约几千件这样的衣服。

我们唯一的问题是：所有事情都必须快速完成，因而我们必须以三班倒的方式进行生产和喷绘。我的工厂正好在坐落在高速公路旁边，每天都有成千上万辆车从门口经过。其中一名司机恰巧是空气质量管理局的检查员，他注意到我的工厂顶部有一些红色和蓝色的喷漆。

原来这个区域有限制喷漆数量的相关法规。没人警告过我这些法规，所以我还是因此被罚款。尝到苦头后，我学会在签租约之前先调查当地法规。

怎样识别不良地段

以下是不良地段的几个特征。

人流量少

我认识一家经营得很成功的海滨餐厅的老板。他决定拓展公司，在 3 米外开设第二家餐厅。这两家餐厅都提供相同的食物和服务，但是新开的这家分店却总是无法平衡盈亏，他最终只得关闭了这家餐厅。虽然其他所有东西都是一样的，但它却缺乏原来那家餐厅的氛围，即原餐厅离沙滩只有几步的距离。人们想在可以享受海滨环境的地方吃午餐、与朋友见面、结交新朋友。他们想去热闹的海滨餐厅，甚至开车经过新餐厅都不停下而是直奔海边。

你的店应该开设在人们想去的地方。在餐饮行业，我们称之为目标位置。当人们开始考虑他们想要去哪里吃晚餐时，他们通常会想到餐厅聚集区，例如一个本地商城，拥有各种餐厅的目标位置能够吸引人群。虽然目标位置的租金往往偏高，但这仍然是我的首选，因为一个好位置有潜力带给我更高的回报。

我对餐厅位置的第二个选择是一栋独立的建筑，这能让你更好地建立良好的声誉，因为你可以控制这栋大楼的每一个方面。

在任何情况下，人流量都是关键。看看最近的趋势：购物中心建立在公寓大楼的附近，公寓大楼就建立在购物中心的旁边。这是为什么呢？因为购物中心的老板知道顾客倾向于选择最方便的购物地点，因此坐落在公寓大楼隔壁自然会给他们带来很多人流量。

建筑很破旧

失修意味着业主不想花钱进行定期保养和修缮。如果屋顶开始漏水，你肯定不希望只是拿个水桶去接。不要租一栋无人看管的建筑。还有很多其他零售大楼可供你选择，它们拥有现代化的设计并经常维护翻新。

停车位不足

顾客正好开车经过一片拥挤的停车区域，但是他们会选择有空位且方便泊车的地方。当你看到一辆车在停车场里面四处打转等待他人取车出去时，那么你看到的就是失去的客流量以及即将受损的销售额。这些顾客应该在你的店内而不是店外花更多的时间。

你的餐厅需要多少停车位？根据你的最大容量来计算一下。当你的餐厅有 75 个座位时，你至少需要 50 个停车位供前来就餐的情侣以及单独前来就餐的顾客泊车。无论你选择怎样的位置，都要确保有足够的停车场地，以及从停车场到餐厅入口的步行距离最短。

租约中危险的限制性条款

几年前，我有幸见到山姆·沃尔顿和海伦·沃尔顿。他们邀请我去阿肯色州拜访他们，沃尔顿开着他著名的皮卡车亲自来机场接我。他们从一家小商店开始，逐渐发展成一家如此大规模的公司，着实令人钦佩。

1949 年，山姆·沃尔顿开设了他的第一家零售店，当时他丝毫不了解租赁合同。这让他遭受了惨重的损失。他在虚线上签署，答应把自己 5% 的零售额作为租金支付给房东。在当时这看起来很正常，因为上一位租户就是这样做的，但是上位租户的年销售总额大概只有 72,000 美元，他每年的租金只有 3,600 美元。

五年后，沃尔顿把自己的商店发展成区域内最好的商店，销售总额达到 250,000 美元，但净利润只有 4,000 美元，而且租金涨到了 12,500 美元。沃尔顿尝试重新协商租金，到头来却发现房东想要自己收回这家店，因为这家店发展得太好了。所以沃尔顿搬到阿肯色州的另一个小镇，在那里开设了一家名为沃尔玛的商店。

频繁的企业流动

如果其他人不想留在某个地方，那么你也不要搬去那里。注意附近的闲置店面广告。留意闲置店面的百分比，以及该店面已经有多长时间无人问津。有时候你最好等待其他人的租约到期再搬进去。你也可以咨询本地的物业经理，找到即将出现的空缺店面。

对比是选择租赁还是购买

当你成立自己的第一家公司时，租赁比购买更有意义——公司的前景可能不确定。也就是说，随着你业务的增长，再考虑购买你的办公地。比起租赁，这也许会让你多花 20% 到 30% 的价钱，但是长期利益通常超过了所支付的费用。

有关购买商业地产的策略都可以单独成书了，这里为你提出几项需要考虑的内容：

- 是否有足够的空间出租给其他租客，以便有效地替你偿还抵押贷款？
- 当市场波动时，这栋建筑如何为你的资产负载表增值？
- 该社区有发展空间吗？如果有，那么房地产开发商可能在未来出高价购买此处，这样他们就可以清拆并在几年内建立一个商业中心。

你的房地产经纪人

大多数房地产经纪人是社区问题专家，但是他们并不了解你的公司，你才是最了解自己公司的人。所以，如果你选择和一位房地产经纪人一起工作，要确保你向他清晰地传达了你的业务需求。特别强调，房地产经纪人必须找到你所需要的东西——而不是他们认为你需要的东西。记住，房地产经纪人为你效劳。

我在橘郡有一栋有 6 间主卧的房子，这是一项不错的投资

我曾经在一本书中读到，玫瑰易名，馨香如故，但是我一直都不相信。我不相信如果一朵玫瑰改名为蓟花或臭菘后还是一如既往的芳香。

——L.M. 蒙哥玛丽，《清秀佳人》

第 10 章

为你的公司命名

这些年来，我拥有过各种不同的公司，我根据它们的经营范围命名。最早的一家公司被简单地命名为 Tory R. Zweigle Designs（托利 R. 兹威格设计公司）。你能够猜到这是家做什么的公司吗？让公司名直奔主题，就没有人不明白我是做什么的——创造艺术。

当我开始生产水墙时，我把公司命名为 Liquid Art（液体艺术）；当我成立一家工厂定制挂壁鱼时，工厂被命名为 Flying Fish Factory（飞鱼工厂）；当我制造梳妆台和其他外形如轮船、卡车或旧式行李箱的家具时，我将公司命名为 Luggature（行李家具）。

这些名字很有用，因为它们准确地描述了公司的经营范围。我还设计了和公司名匹配的商标。

现在，当我接受一些创业者的咨询时，我鼓励他们在选择公司名的时候遵从几条重要且有用的规则：

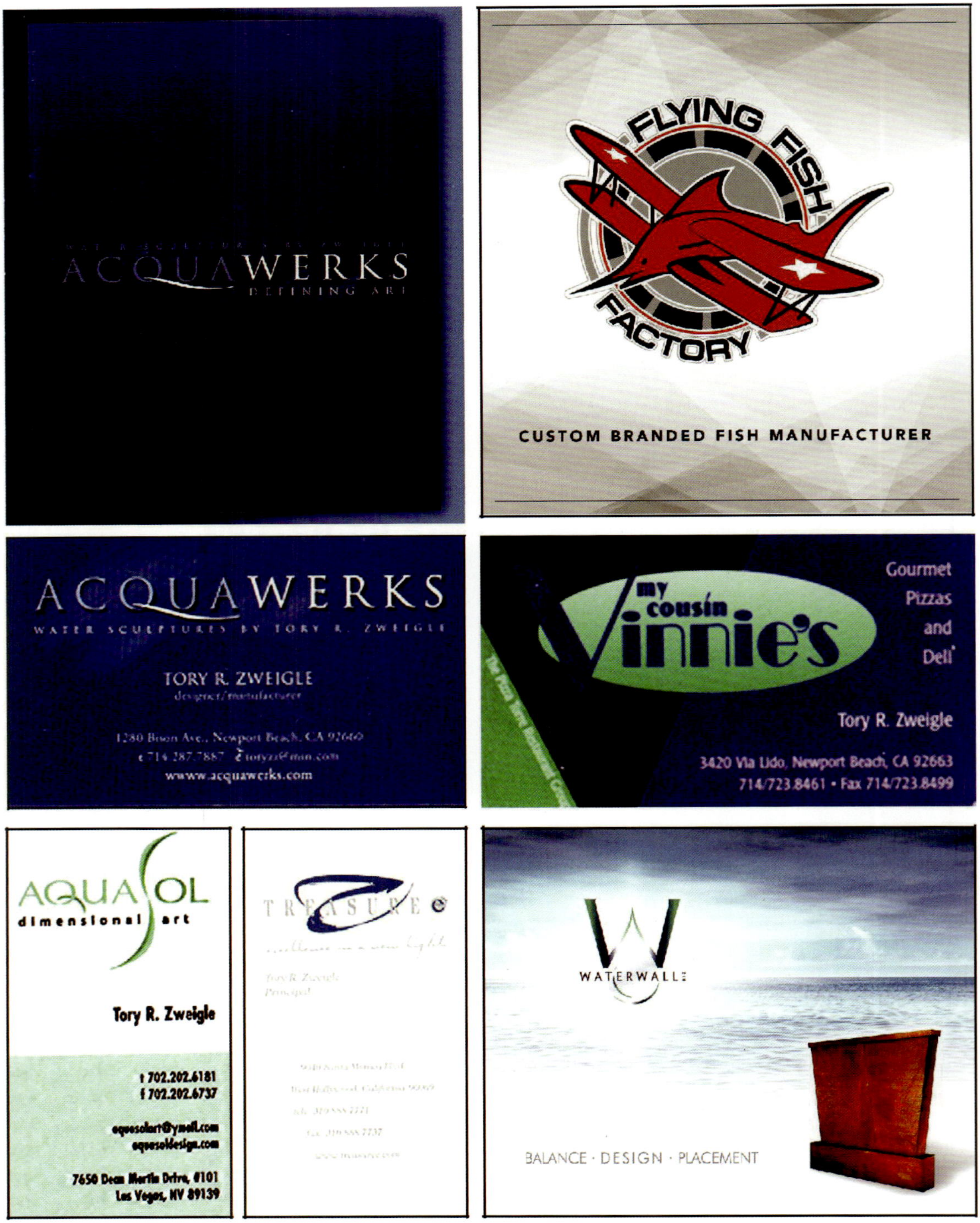
ACQUAWERKS
DEFINING ART
FLYING FISH FACTORY
CUSTOM BRANDED FISH MANUFACTURER
ACQUAWERKS
WATER SCULPTURES BY TORY R. ZWEIGLE
TORY R. ZWEIGLE
www.acquawerks.com
Gourmet
Pizzas
and
Deli
my cousin Vinnie's
Tory R. Zweigle
3420 Via Lido, Newport Beach, CA 92663
714/723.8461 • Fax 714/723.8499
AQUASOL
dimensional art
Tory R. Zweigle
t 702.202.6181
f 702.202.6737
7650 Dean Martin Drive, #101
Las Vegas, NV 89139
TREASURE
WATERWALL
BALANCE · DESIGN · PLACEMENT

我设计的公司商标

选择一个能够贴切描述你经营业务的名字

人们注意到你的公司时，首先关注的是你公司的名称，无论他们正在看你的名片还是你公司外的招牌。假如你拥有一家寿司店，那么给你的店取一个听起来具有异域风情且和鱼相关的名字；假如你拥有一家美甲店，店名要能够传递美甲和修足的良好服务。

墨西哥餐厅最棒的名字之一是Baja Fresh（巴哈鲜食），仅仅因为该名字包含这种食物并强调餐厅提供新鲜的食材。

想想你的公司会出现在列表的哪个位置

以字母A开头的名字通常出现在公司列表的顶端。Alice’s Nail Salon排在Best Quality Nails前面。同样地，Alphal Plumbing排在 Tony’s Plumbing的前面。以字母Z开头的名字通常出现在列表的末尾——你可能并不想让自己的公司排在这里。

因为电话簿不再是顾客定位一家公司的首选方式，但如果你的公司被列在一本贸易出版物或经常被目标客户浏览的网站上面，这个因素或许值得考量。

选择一个具体的而不是一个模棱两可的名字

诸如企业、有限公司或有限责任公司这样的名字容易造成混淆，客户心里糊涂就继续寻找其他的解决方案。不要选择一个模棱两可的名字，让人难以理解你的经营范围到底是什么。

想想这个名字Lowe's（劳氏公司）。现在再想想这个名字Home Depot（家得宝公司）。哪一个名字能更好地解释这两个竞争对手是经营什么业务的呢？

具体的名字可以为你节省广告费用，因为你不必向人们解释名字的含义。如果你的公司名为Body Shop（车身维修店或美体工坊），人们开车经过时就不知道它到底是一家车身修理店还是一家美体工坊。

另外，如今经商之人比比皆是，太普通的公司名往往容易被人遗忘。

考虑把地名加到社区企业的名字中

如果你拥有一家本地服务公司，例如一家洗车店、干洗店，或者车身修理店，考虑把你所在的社区名或城市名添加到公司名前面。Huntington Beach Car Wash（亨廷顿比奇洗车店），这样的名字能帮人们记住需要洗车时去哪里找到洗车店。当走进Surf City Dry Cleaners（冲浪城干洗店）时，人们心中会产生一种社群感。如果你在橘郡的老城区拥有一家古董店，那么Old Town Antiques（老城古董）可能会是一个不错的店名。每一点都可助你脱颖而出，尤其是有很多想参观当地社区商店的人。

尽量选择简短的名称

在营业门店外面安装招牌时，简短的名称会为你节省费用，而且也更容易被人记住，进而你的客户更有可能把你的店推荐给他们的朋友。

检查网址域名及其可用性

一旦你想到几个好名字，就要上网检查所选域名的网址是否可用，然后上网查看是否有其他人使用这个域名。最好的一个方法就是浏览当地的州务卿网站。大多数州务卿网站都有一个链接，你能够查看该州所有已被使用的公司名称。如果还没人注册这个名称，你便可以开始为自己公司注册。州务卿网站也提供助你创业的有用信息和文件。

如果你正为取一个好名字犯愁，那么你可以在这个网站上找到一份已被注册的公司名称清单，参考这些名称（但你还是得放弃那些已被其他公司采用的名字），这样也许你会找到一个你喜欢的名字。

查看商标并面向全国发展

你将会惊讶地发现，不少人花费几万美元营销自己的新公司，但他们公司的商标已经被别人使用了。

打开美国专利及商标局网站，查看是否已经有人注册了你想要的商标。你最好查看联邦一级的注册商标，特别是如果你想要把自己的公司发展成一家全国连锁公司。你最好别等到以后再去更改你的公司名称，可能最后你还得和已经注册了该名字的公司陷入一场昂贵的官司。

一旦你确定没有任何人注册过你想要的公司名，提交适当的文件，为自己保留这个名字。咨询一位律师如何长期保护这个名字，然后再准备开始营造你自己的百万品牌。

永远不要把你的优先权给那个你只是他选择之一的人。

——马克·吐温

第 11 章

学习谈判的艺术

几年前，国外一些投资者找到我，因为他们想从事水墙业务，刚开始的报酬就很诱人。

这些投资者在美国拥有办事处，而且他们在电子行业已经做得很成功。他们希望我同他们合作，建立一家总部位于美国、在中国生产的国际水墙经销公司。他们的提议听起来似乎不错，如果这家公司建立起来，可以迅速拓展已为我带来丰厚收益的水墙生意。

我们谈了几周。我有备而来，他们也有备而来。我对细节很满意，最终，我们开始合作。这些投资者投资建立这家经销公司，而我则去中国寻找能够生产我的亚克力水墙的制造商。

经过研究，我在中国天津市郊建立了自己的工厂。我花了几个月的时间建厂并对所有的员工进行培训，使他们生产的水墙与美国工厂生产的水墙质量一样。

但是，我的新合伙人要求我把商业机密告诉他们。我对这个要求感到不快，但我还是教给了他们一部分，这足以兑现交易中的承诺。这种要求让我感到不快，因而我从未真正敞开心扉。

最终，我们准备成立公司，我兴奋地坐下准备同他们讨论最后的细节——至少，我认为那是我们将要讨论的内容。

然而，新合伙人让我大吃一惊，他们不再要需要我了，他们说接下来他们可以靠自己来完成。

我注意到我们签了一份各占一半股权的协议，但是他们回复说他们已经改变了主意，并且不想再继续我们的合作伙伴关系。他们以为我没办法保护自己的发明，于是试图窃取所有的生意。

我立即打电话给律师，召开了紧急会议，并制定了一套完整的法律行动方案。因为我和投资者在加利福尼亚签署的这份合同，并且他们在加州有资产，在当地的法律体系内我可以用多种方式起诉他们。我的律师很快提起诉讼，可是当我研究法律时，我发现了一些能够让我们迅速达成庭外和解的关键信息。

最终，这场巨大的混战实际上变成一桩划算的交易。

仅仅通过运用常识和做好自己的功课，我便在这场纠纷的解决过程中略胜一筹。

经商不仅要求你有较强的创造性和高超的推销术，它也需要出色的谈判技巧。

当然，每个人都会谈判。这是人性的一部分，早在童年时期，当小孩为多睡一会儿懒觉或买一个最新玩具而争取时，谈判就开始了。青年人向别人借车，成年人在接受一个工作机会之前会讨论薪资要求。

创业者需要了解如何达成交易，出色的沟通技巧是拥有一家公司的必要技能。让我们看看怎样充分利用你的沟通技巧来完成交易。

请记住，每桩交易的目的都是让双方获得彼此需要的东西。例如，在工资谈判中，员工需要供养家庭，老板需要技术娴熟的工作人员来完成这项工作。如果双方都能在谈判时表达一些对方想要的东西，那么他们更有可能在未来达成交易。

然后，公平，这对于谈判而言是一个最重要的元素：如果你希望在一桩交易中找到一种使双方共赢的方法，那么你就更能谈成一桩好生意。

当人们开始提出不合理的要求或变得贪婪时，谈判就会中止。如果一方感觉受到另一方的威胁，谈判就会变成一场恶战。你可能已经在这类谈判中吃了亏：我知道我吃过亏！当我和一个总是想要拿到更多好处的人谈判时，那个人的贪婪总是让我接受不了。

我再也不想和那个人有生意往来。他试图伸手抓住少许额外的利益，却失去了未来潜在的交易中的大把利益。

在谈判时你要记住：财富是通过长期关系、决心和行动积累起来的。很少有一个人只经过一次交易就变得富有。你和人们谈判的方式决定了他们是否想要同你再次合作。一个人越喜欢你，他就越有可能帮助你，并把其他人推荐给你。

所以，要把谈判理解成未来长期合作的一次试镜，保持优雅得体的形象以赢得对方的青睐。

我们来看一看能够让你最充分利用谈判机会的规则：

做好你的功课

尽可能多地了解你的谈判对象。不要为调查不足找借口，我们生活在一个信息时代，动动手指就可以获取无数信息。

做好功课能使你在任何谈判中不容易上当受骗。毕竟，知识就是力量。谈判开始前，找到对方的薄弱环节使你能够以较强的姿态展开谈判，避免因另一方未能披露信息而被愚弄的结局。

这个人的租约就快到期了吗？他的或她的发明由于新技术的出现而濒临落伍吗？也许卖方急于摆脱这个生意是因为行业竞争已经过于饱和了。

要了解有关这笔交易的一切事宜以及相关人士。全面了解信息使你能够辨别是否有人试图隐藏信息。你对将要购买的生意了解的越多，你就越能谈成一桩理想的买卖，因为你已经发现了这笔生意的优势和劣势。

记住，卖家容易高估他们的公司，因为他们估算的公司价值部分基于他们多年来投入的努力而不是实际的现金流。提前获取专业估价可以避免你花冤枉钱。的确，你可以通过购买濒临破产的公司盈利，我已经做到了，但是只有在我做了充分的研究并了解其真正价值的情况下。

选择优秀的商业合作伙伴

虽然很多人都可以提供你想要的东西，但不能任意选择，你要随时了解自己是否在和对的人合作（请阅读标题为“与合伙人共事”那一章）。一名优秀的合作伙伴能够促成一笔不错的交易。一名糟糕的合作伙伴则可能会增加交易失败或交易欠佳的风险。你要确保和你坐下进行谈判的对象在过去拥有良好的业绩记录并受到他人的尊重。

从公平开始

当人们认为你并没有向他们索取时，他们会给予你更多好处。他们一旦意识到你正和他们一起朝着共同的目标努力，他们就会站在你这边。当交易不公平时，谈判就变得很被动，最终会演变成一场充满恶意的争论。几周后，所有的时间和精力又把你带回了谈判开始的地方。找到一个双方都可以做出一点贡献的中间立场，这样不更简单吗？既然大家都希望自己的观点受到重视，那么认真倾听并朝着共同的目标努力。这样，谈判就会更有成效。

顺其自然

谈判没有固定的公式，每项交易达成的方式都不一样。因为谈判是一种艺术形式，不要被一个具体的公式困住。只要确保双方在进行合理且公平的谈判，谈判对象喜欢你的谈判方式即可。

告知对方你想要什么

明确自己的目的，这有助于让对方更加迅速地判断他是否能够做出足够的让步来满足你的要求。当双方对彼此的目的非常清楚时，谈判就会更快达成一致，每位相关人士都可以寻求中间立场。

如果让另外一方猜测你的意图就会拖延谈判并引发不愉快。对方越不愉快，就越有可能从谈判桌上离开。

另外，直接把你的目的告诉对方，最终会达成一笔不错的交易。我参与过许多次房地产谈判，最终争取到半年租金全免，这为我的新餐厅带来一个平衡盈亏的机会。其他时候，我曾就房屋维修或翻新进行了成功的谈判。我甚至在一次交易中让房东答应加铺沥青。记住：你可以告诉对方你想要的任何东西。这并不意味着另一方会退让，但是如果你很坦率地讨论你想要的一切，这比你隐藏自己的动机更有可能达成交易。

控制你的情感

你越冷静，你就越能明白当前的形势，并做出正确的选择。让对方去犯一开口就漫天要价的错误吧。控制你的感情会让你看上去很聪明。

识破花言巧语的人

如果谈判对手是一名粉饰事实的销售员，由着他去，他迟早会祸从口出。这时你就可以提出强有力的观点与他辩驳。

找到底线

每个人都有自己的底线，你的谈判对象在说“不”之前会竭力配合。以最能使你满足的方式达成协议的真正秘诀在于找到对方的底线。假如你正在一个私人派对上购买了一辆车，如果卖家当前车贷为 20,000 美元，那么她将不会以 18,000 美元的价格卖给你。她的底线是这样的：她想要还清贷款，同时为自己付出的时间和精力争取额外的报酬。虽然她一开始可能要价 30,000 美元，但她的真实底线可能只有 23,000 美元。

实事求是

交易通常在一些微小的细节上功亏一篑。我知道有卖家想出售自己的公司，但是这位卖家由于情感原因想要保留办公室设备，于是谈判失败。

卖家坚持保留公司大楼的原貌，员工要求过高的遣散费，或者买家希望房东能够安装一台新的洗碗机，这样的案例数不胜数。任性地坚持一件小事只会导致交易失败。只要这笔交易让你有利可图并且不逾越你的底线，谈判就要继续。如果达到了自己的目标，你随时都可以为自己买一台洗碗机。

在合同中阐明所有内容

确保你们协商好的一切事情都记录在案。协议内容没有被载入合同中，随时就有可能产生变化。你曾听说过这样的案例吗？一家公司刚被卖掉，新老板在第二天就解雇了所有员工。如果你不想这种情况发生，那么请确保你已在合同中阐明要求！

定期重新谈判

租约到期时，你要仔细查看这栋建筑以及当前的房地产市场利率，并据此重新协商你的租金。如果你已经在这个地方呆了几年，也许你能够让房东改造、翻新建筑，或清理地毯。在餐饮公司，一些供应商每年都会试着提高价格。随着价格开始上涨，监控材料成本并重新协商价格是个不错的主意。

远离降低你生活标准的交易

人们变得如此心急以至于接受一切要求，忘记了执行这项交易将会花费时间和资源。你为一项交易做出的牺牲必须得到适当的回报，这项交易要让你的生活变得更好而不是遭受损失。不要走上一条让你耗费时间和资源的道路。

达成一项会降低你生活标准的交易，还不如离开谈判桌。对我而言，一项交易只有让我赚到更多的钱才有价值。如果赚到的钱比现在更少，何苦浪费时间或精力呢？这样做只会牺牲自己的利益。

记住：还有很多其他的交易。比起在一次糟糕的谈判后再勉强继续，重头开始实际上更加容易。如果这项交易对你并无好处，去找一个更好的项目来投资你的时间和资源吧。

最后，一次谈判结束时，你应该感到更加高兴，因为你提高了生活质量并达到了自己的目标。

在墨西哥卡波看望我的孙女

第三部分

建立你的团队

我从不聘请专家，因为他们总是如此明智但实际他们总是知道某件事为什么不能够实现。相反，我们让傻瓜冲进天使害怕涉足的地方，为我们取得了一些最好的成绩。

——亨利·福特

第 12 章

建议的危险性

警告人们注意建议的危险性是贴近我内心的一个话题，因为太多好人听取了糟糕的建议，并未考虑这些建议对自己而言是否适用。花店老板给寿司店老板提建议，机修师告诉干洗店老板如何经营生意，面包师给美容院老板出谋划策。

这些建议通常出于好意，但是给予者和接受者都没有意识到适用于一个行业的建议并不适用于另外一个行业。

为了说明这一点，我要强调美国历史上最重要的两个发明家：莱特兄弟。

莱特兄弟出生的时候，人们认为飞行是不可能实现的。即使像托马斯·爱迪生和亚历山大·格雷厄姆·贝尔那样伟大的科学家和发明家都曾尝试过——并失败了。

当威尔伯 11 岁，奥威尔只有 7 岁时，这对莱特兄弟就建造了他们的第一架飞机。他们的父亲给了他们一个新玩具，拉绳子时这个玩具就可以离开地面。他们一直把弄这个玩具直到把它玩坏了，这让他们产生了制作一架玩具飞机的想法。

猜猜怎样？玩具飞机也飞起来了。

他们怀着满腔热情，尝试制造一个更大的模型，但是这个模型却飞不起来。当然，莱特兄弟并没有放弃。

两兄弟长大后，在路边开了一家自行车店。他们利用所有的业余时间，研究了成千上万部他们那个时代的科学著作，并研究了很多的飞行理论，却发现所有的数据都是错误的。一流的科学家和专家都不知道如何飞行。

莱特兄弟不得不停止阅读现有的科学研究材料，转而开始研究真正的专家——鸟。他们花了几个月观察鸟如何飞行并设计草图说明鸟类怎样操纵自己的翅膀。

他们建造了一只双翼飞机风筝来检验它迎风起飞的能力。连续几周，他们都在室外一块空地上放这只风筝，在那里他们不会打扰邻居。人们注意到了这两个兄弟。一名报刊编辑——路德·彼尔德留意到了他们，并疑惑他们为何“不顾自己的生意，把时间日复一日地浪费在那架荒唐的飞行机器上”。

尽管他们看起来就像玩风筝的两个成年人，威尔伯和奥威尔实际上正在认真地记录科学数据，这些数据揭示了上升法则如何能够精确地克服万有引力定律，并得出了数学方程式。莱特兄弟也建造了其他模拟飞行的机器，在风中对其进行试验，每次试验都有详细的记录。

经过多年的研究和科学实验，他们准备尝试飞行，但是还不会不顾安全拿自己的生命去冒险。他们选择在一片柔软的沙滩上空练习，如有意外发生，这片沙滩可以起到缓冲作用。

建好一架可载真人的飞机后，他们于 1901 年来到北卡罗来纳州的基蒂霍克。蚊虫叮咬着他们，大风把沙子吹到他们脸上，而飞机却在一场意外中坠毁。他们气馁地回去了。

回到家后，他们建造了一个小风洞，在那里继续做实验。经过几个月的准备，他们重新设计了自己的飞机模型并返回基蒂霍克。

两年后，他们实现了不可能的事情。一架飞机在飞行员的控制下实现了人类历史上的第一次起飞和降落。

没有人相信他们，他们花了三年时间才说服美国专利局批准他们的申请。五年过去了，他们的新技术终于引起了美国陆军的注意。直到西奥多·罗斯福总统在报纸上读到他们的新闻并要求参观他们的飞机时，他们才得到美国军方的高度关注。最终，他们获得了国会荣誉勋章并获批培训第一代美国飞行员。

为了找到真正有用的东西，莱特兄弟不得不忽视专家和当时已知的科学。

我们能够从奥威尔和威尔伯的例子中学到什么？

我们需要像他们一样，在接受建议之前进行验证。要到达一个前人没有去过的地方，我们必须打破常规思维，亲自进行研究和实验，绝对不能满足于现状。

你认识的每一个人都有自己的主见，而且他可能愿意和你分享他们的看法，但是这些有趣的建议真的对你有利吗？只有你自己知道答案。建议带来的问题是，大多数人得到的建议来源于一些并不知道哪些建议有用的人。人们从他们的朋友、家人和邻居那里获取建议，以为他们的叔叔已有20年的生意经验便可以指导他们。

有时候，确实如此，但很多时候却不是。

以餐馆为例。并不能仅仅因为一家餐厅在营业上盈利就说它成功。许多餐厅经营了二十多年，却还挣扎在盈亏平衡线上，陷入拆东墙补西墙的恶性循环中，他们从未搞懂该如何拓展经营一家餐厅。

但是你知道吗？同所有企业家一样，几乎所有餐厅老板都会给出建议。也许他们太害怕冒险，所以他们建议你甚至不要去尝试。也许他们认为你应该开一家干洗店而不是一家餐厅，但是他们知道由于环境管制的因素，干洗行业目前正在发生什么变化吗？

他们也许并不知道。

在一个领域中适用的建议并不能意味着也适用于另一个领域。这就如同一名心脏外科医生指导一位火箭科学家该怎样开展他的工作。

如果你想开一家美容院，你也许不需要开面包店的表哥为你提供建议。他如何利用烘焙行业的知识来帮助你的美容院呢？

采纳错误的建议比不采纳建议更糟糕。它可能让你走错路，耗尽你的资源和精力。

我们所有人都非常需要认同感。我们希望自己的想法可以被最亲近的人接受。当我们想到一些新的创意时，我们会告诉朋友和家人，希望得到他们的认同。然而，经历过经济挫折的家庭成员可能会怀疑你的创意。倘若他们觉得成功离自己遥不可及，他们可能会说服你也不要尝试。

成功人士学会了如何不依赖外在的肯定去执行自己的想法。他们仍然会抽出时间与家人和朋友联系，但是他们把感情需求和创造性思维分离开来。情感力量意味着你能够否定消极的建议，并仔细辨别真正具有可能性的事情。

在你用自己毕生的积蓄来冒险听信别人的建议之前，先确认他们资格：

- 他们的背景是什么？
- 他们在过去 30 年内有什么成就？
- 目前，他们的公司已经经营多长时间了？
- 他们已经成功建立了多少家公司？
- 这些公司能够拓展到什么程度？
- 这些公司从一家店面拓展到几家了吗？
- 有其他人尝试模仿他们的业务模式吗？
- 他们的公司是否经营得很成功，以至于其他人尝试购买了呢？
- 他们是否非常了解你想要开展的业务？

直接从主要来源获取建议。如果你需要会计核算的意见，请和一位注册会计师交流；如果你不了解什么东西可以免税，请去国税局网站下载官方手册；如果你对什么是营业税感到疑惑，请直接致电当地的政府办公室。

虽然向一位陌生人求助可能是你最不想做的事情，但是比起因他人的错误而使自己失去一切，这件事要容易得多。

现在，虽然有上述各种情况，但我还是会仔细听取成功运营了多家公司的商人以及年长的商人给出的建议，不论他们处于什么行业。

“年龄越大，智慧越多”可能是老生常谈，但是请记住年长者见过的世面要远远超过你。他们经历过大萧条，他们记得二战，他们可以告诉你所有关于过去如何预测未来的真实故事。那些经历过几个经济周期的人已经明白了什么有用，什么没用。听从他们的建议将帮助你在看清整体形势的同时避免重蹈覆辙。

例如哈兰德·桑德，起初他购买了一家加油站，为了吸引顾客，他每天都比镇上的其他加油站早两小时开始营业。然后他在加油站开了一家餐厅，向饥肠辘辘的顾客销售炸鸡晚餐。

当经济滑坡时，他被迫卖掉加油站，哈兰德·桑德想出一个能够把自己的炸鸡店拓展成为一家跨国公司的办法，即通过出席一次餐厅会展并发放宣传资料来吸引未来潜在的特许经营商。

我喜欢向这类人学习——而不是其他那些把自己标榜为企业家的人，他们有很多建议却在家无所事事，因为他们不知道怎样赚钱。记住，如果别人的建议真的有用，他们自己就会采纳并在实施的过程中发财致富。

有所保留地采纳建议。检验你听到的一切事情。相信你自己有能力判断什么对你而言是最好的建议。要尝试不同的选择以找到真正有效的建议。

运用你的常识来找到你自己的道路。

我从头到尾建造并设计了这个作品

我从未被狗咬过，只被人咬过。

——玛丽莲·梦露

第 13 章

与合伙人共事

1853 年，李维·施特劳斯搬到加利福尼亚去探寻淘金热带来的商机。李维并未打算淘金，但是他的确通过开一家名为李维·史特劳斯公司的干货店找到了他自己的金子。在这家店里，李维销售一座矿业城镇所需的一切东西，包括裁缝需要的布料。

李维的一位顾客叫雅各布·戴维斯。

雅各布全职缝纫布帐篷和货车篷。当他的顾客白天在矿井里工作磨坏自己的裤子，他们就会叫雅各布来修补。缝的破裤子越来越多，于是他就想设计一条能够经受住繁重体力劳动的裤子。

雅各布试着在织物最容易被磨损的地方加上铜铆钉，结果——原谅我说了俏皮话——真金百炼不穿！ 他修补后的裤子非常耐穿，顾客们都非常兴奋。越来越多的人请求用雅各布的方法来增强自己裤子的耐磨性，于是他决定为自己的这个创意申请专利。

雅各布缺乏申请专利的资金，但是这并未阻止他。雅各布怀有一颗创业之心，他知道自己需要一名合伙人。

雅各布给李维·史特劳斯寄了一封信，信上写道：“这些裤子的秘密就是我用在裤兜上的铆钉，我发现人们对这种裤子需求量很大，以我个人的能力无法满足这些需求。”

雅各布和李维一起申请了这项专利，并在1873年5月20日被授予专利。截至1873年年底，他们已经卖出了上万条裤子。

如今，卖出了几百万条蓝色牛仔裤后，李维·史特劳斯公司依然运营良好，并成为一种聪明、互利的合伙关系的典范。

通常，当一个人产生了一种想法（如雅各布），并需要其他人为这个想法提供资助（如李维·施特劳斯）的时候，合伙关系就应运而生了。资金总是有帮助的，而且合伙人可以增加你需要的技能并扩展人际关系。

然而，谨慎选择商业伙伴十分重要。每位伙伴都拥有自己的观点和喜好，在你选择合伙人之前，考虑一下你是否真的愿意在这条道路上走下去。即使在最好的情况下，合伙关系也有可能受到挑战，因为两个人至少会有五个相异的观点。

合伙人不仅可能与你意见相反，而且他们在公司中也拥有比普通员工更多的控制权，并且可以在未经你允许的情况下执行自己的决定。

当两个人自然而然地联系在一起，拥有共同的目标以及相同或互补的技能时，合伙关系最为成功。虽然雅各布是一名裁缝而李维是一位零售商，但是他们都了解采矿行业，看到了行业需求，而且他们使用一种相同的语言，彼此互补并拥有共同的兴趣。

想象一下爱好迥异的两兄弟。一位喜欢买卖和设计摩托车。另一位则喜欢烹饪。这两兄弟在摩托车行业能合作多久？那位热爱摩托车的哥哥雇佣一位摩托车爱好者不是更好吗？

合伙关系如同婚姻。因为你们被合法地捆绑在一起，所以你应该找到给你公司带来最大利益的合作伙伴。在考虑一位合伙人时，尽你所能去寻找有关他的信息。

背景

不论你有多么了解这个人，都要对其背景进行确认。这样做有一个很明显的理由：曾经有过犯罪记录的人，可能会影响你与政府签订合同，或阻碍你达成一些其他的交易。而另一个理由是：你应该了解可能会对你公司产生影响的所有重大问题。如果一个人已经被起诉了6次，那么你需要寻找一位性格不太好斗的合伙人。

还有一方面，在检查对方背景的过程中，你也可以了解到有助于你达成交易的一些条件。

你应该公开地调查潜在合伙人的背景，并且要求他对你进行背景调查。任何反对这一请求的人都是门外汉，而且可能是一位糟糕的合作伙伴。

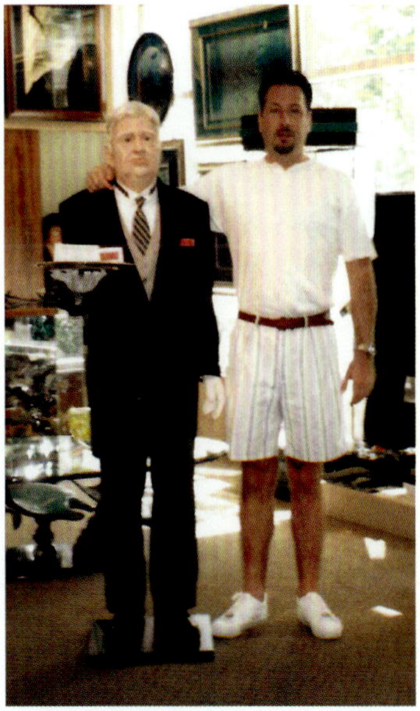

我和一位模特伙伴

家庭

良好的合作伙伴都有强大的家庭作为后盾，在他们的生意遇到麻烦时家人会挺身而出给予支持。看看你的潜在合伙人，他的配偶或子女是怎样的；他们对这桩生意持怎样的态度？但愿他们会支持。但是如果你发现你的合伙人家里遇到麻烦，他可能正为此承受额外的压力，这些压力将会扰乱他的判断并影响其做决策的能力。

财务

如果合伙人拥有良好的信用，那他购买一辆公司卡车这样简单的事情都会变得更加容易；如果他有被追回财产或破产的信用记录，那么你的公司在进行任何贷款时都将支付更高的利率；如果他拖欠税款，国税局将扣押你的公司，这对想和你做交易的人而言无疑是一个坏消息。如今，互联网上信息这么发达，你承担不起和一个名声糟糕的人合作所产生的恶果。你最好希望你的合作伙伴拥有良好的声誉——在网上以及生活中都是如此。

在你起草的合伙协议中，一定要包括解散合伙关系的具体细节。如果合伙关系出现任何问题，你会希望以一种快速、方便且公平的方式结束合伙关系。如果你的合作伙伴去世后他的子女或配偶想卖掉公司，那么提前计划好解散合伙关系的具体细节也能让你在这个时候受到保护。了解合伙人在发生不幸时，他的子女及配偶将扮演什么角色。如果你在合作关系一开始时就制订好计划，你将为自己节省很多时间并避免产生很多烦恼。

投资者

现在，我们讨论一下投资者。通常，一位创业者都拥有一个创意，但是他需要一位合伙人为自己的创意投资。无论何时你选择从投资者那里得到资金，你都可能会遇到一些附加条件。你的投资者是否要求你采用他的方式来经营生意？假设如此，那么我可以预料，你们在进行所有决策时都会起争执，除非你碰巧和他达成共识。如果事情得不到解决，投资者是否会通过购买 100% 的所有权来结束这段合作关系？此外，让一位缺乏职业道德的投资者处理所有的财务一直是一个大问题——这类合伙人很多都会使用伎俩，对公司账单弄虚作假，使公司看起来似乎没有太多盈利。

为了弄清你的潜在投资者的为人，你在签字放弃任何利益之前都要对他进行摸底。投资者会说到做到吗？如果你让他投资 15,000 美元制订一本商业计划书都很困难，那么你真的认为他会为成立一家餐厅投资 25,000 美元吗？

尽管一些冲突是不可避免的，但是提前做好功课并拟好一份绝对可靠的退出策略，将是在情况变得糟糕时让你避免一场大型官司的最佳方法。最好添加这么一项：如果投资者想踢你出局，那么他必须向你赔偿几百万美元。记住，避免与一位不愿意接受尽职调查的人合作！

不要沿着现成的道路前行，去开辟你自己的道路并留下你的足迹吧。

——拉尔夫·瓦尔多·爱默生

第 14 章

聘请商业顾问

在建立自己的公司时，你有时可能需要从顾问那里得到帮助。你可能需要一位精通电脑、农业、废物管理、房地产、家庭咨询、税法或房地产规划等领域的专家。

修建一栋新的摩天大楼时，大量顾问被聘请来设计完美的结构。工程师计算建筑物所能承受的地震或火灾强度，土壤专家检测可能会出现地陷的薄弱地带，环境顾问检验施工现场之前是否曾受到污染。

所有的建筑专家利用自己曾接受过的科学培训来确保该建筑是安全的，这样当人们走进来时才不会担心建筑的安全性。

在医疗领域有专攻复杂手术或罕见疾病的顾问。这些医生通常接受了 12 年的大学教育并积累了 10 年的实践经验，这些经历将帮助他们找到解决办法，这便解释了为什么患者愿意支付昂贵的医药费并排队等待预约。

为什么商业顾问不需要像工程师、医生或律师一样拥有良好的教育背景及经验呢？如果你上网搜索通过国家组织鉴定成为一名商业顾问的流程，你会感到十分震惊。任何人都可以花几百美元上一门短期的在线课程，然后成立自己的商业咨询公司。

我的观点是：只采纳这类商业顾问给予的意见——他们通过经商把企业发展壮大到相当值钱的规模，在真实的世界里证明了自己的原则行之有效。

你会聘请一位从未修理过汽车的汽车机械师吗？你会让一名从未做过手术的医生给你做手术吗？你会雇佣一位从未画过画的画家吗？

当然不会！

那么为什么要听取那些毫无商业实践经验的专家的意见呢？能为你提供真实答案的只有在真实世界里掌握了原则的人士，而不是整天在自家车库里打转的无所事事之人。

向一位有过实际商业经验的“商业顾问”寻求建议

请思考这种情况。一位顾问就你的生意问题为你提供咨询，你给那个人报酬并让他帮你找到一种解决方案，但是有时候，对企业主而言最好的解决方案可能是结束这门生意，并把钱转移到其他生意上去。只有那些自己曾做出过这种艰难决定人才会给你提这些建议，这样的建议通常是无数实战经验的产物。

在餐饮行业，你需要找到一位精通餐饮的人。你的顾问应该拥有多家餐厅，最好其中几家餐厅和你的餐厅提供相同类型的食物。如果你拥有一家牛排餐厅，你可能聘请一位经验丰富的主厨来培训你的厨房团队烹饪食物；如果你拥有一家早餐店，那么你要聘请一位精通所有早餐食谱的人士，从传统的墨西哥菜到夏威夷菜、亚洲菜；如果你想开一家酒吧，你则需要一名经验丰富的专业调酒师，他非常清楚什么是最畅销的饮品。

优秀的顾问会从各个角度去分析这家公司并找到答案。有时候企业主不得不做出艰难的决定，例如调整价格、找到更便宜的原材料，或者搬去一个租金更低的地方。真实的回答有时候听起来并不悦耳，人们需要做出艰难的选择，但是如果他们想让公司维持下去，这种回答却是必要的。

当你开始面试潜在的业务顾问时，要求他们提供相关的资历证明。看看他们的网站、营业执照和保险，以及有关他们的一些文章。向他们提出这些问题：

- 你在该行业有多少实战经验？
- 你经商多长时间了？
- 你一共经营过多少家公司？
- 你有买卖公司的经历吗？

但是，你要记住，无论你最终是否会和这位顾问合作，你比其他任何人都更了解自己的公司。你已经投资了多年的心血来经营自己的公司，所以，当你有疑问时，请遵循常识！

我新的商业顾问格兰特（Grant）

阻止诉讼。随时说服你的邻居采取折中的措施避免诉讼。为他们指出，名义上的赢家通常是真正的失败者——就费用、支出以及浪费的时间而言。不用诉讼也仍然会有足够的业务 。

——拉尔夫·瓦尔多·爱默生

第 15 章

操纵律师的法律雷区

几年前，我在另一个州发现了一套度假别墅，并想把它买下来。这套别墅是一位承包商为自己修建的。但后来他改变了主意，想要卖掉它移居泰国。可是他面临一个问题：如果他立刻卖掉这套房子，他就必须支付资本利得税（资本利得税：是对低买高卖资产所获收益征税，编者注）。要避免支付资本利得税，他需要两年后才能把它卖出去。

我们达成了一个协议：我以月租 2,000 美元的价格先租赁两年，这样我就能够以我们在合同中协商好的合理价格购买这套度假别墅了。因为房子将变成我的财产，所以我在搬进去之前就向他预付了 15,000 美元的定金。

住在这里的时候，我想出了各种改良房屋的创意。我投入了大约 30,000 美元用于房屋改良，因为同时房地产市场的行情也开始上涨，所以这套住房的价值增长了 100,000 多美元。

这期间，我一直和之前的业主保持联系，并且每月都按时支付租金。等到我行使购买权的那一天时，之前的业主却变得贪婪起来。

他想在房地产上涨的行情中占到便宜，并注意到我错误地忽略了在我们房地产经理人起草的合同中的某一行签字。于是他交给我一张搬迁通知，限我三天内搬离。

我简直无法相信！精心策划的整个交易都是为了帮助他避免资本利得税，然而他却因为我忘记在合同中某一行签字，就宣称自己有权收回房子。于是我起诉他诈骗、违约、盗窃及各种其他罪名来对此事做出回应。

在法庭上，我向法官说明了我所支付的每一分租金，我准备好各种材料来证明已经发生的事实；而前业主只准备了一份看起来似乎被他篡改过的租赁合同。

最后，法官做出有利于我的判决。

我绝不愿意打官司。打官司既耗时又令人心碎，它的费用很昂贵，而且几乎不能得到对双方都有利的判决。即使你赢了官司，你可能也不能轻易获得你真正想要的结果。

虽说如此，但遗憾的是，有时候生活中的纠纷只能通过法律途径才能得到解决。

那么，律师就是你公司的最佳保护者之一。不管你是否喜欢他们，每个人都需要自己的律师。你在生活中越成功，你需要的法律帮助就越多。

现实生活教导我，寻求适当的法律建议十分重要。我的公司曾经遇到过好几次麻烦，如果我提前请一位律师拟好合同，这些麻烦就可以避免。在开始经商的头几年，我并没有成功地运用这则常识。

相反，一开始我十分信赖别人，所以我不止一次被别人恩将仇报。我与一些我从未想过会背叛自己的人卷入了官司，每一次都感到很十分悲痛。我总想着如果我在这之前就签署了这样一份合同该多好：里面详细地记载着我们的期望以及可能维持的关系。

最终，我吸取了教训。

即便你十分信任自己的合作伙伴，也请记住天有不测风云。你的合伙人也许会意外身亡。如果他的子女想要卖掉公司该怎么办？你会和他的子女闹到法庭，苦战到底吗？

准备一份书面合同并在合同中写清楚处理这种情况的计划，这将会帮助你避免官司并维持一段合作关系。

交易总是从一纸合同开始，又以一纸合同结束。当投资者投入资金时，他们要求对方就如何回报自己做出承诺。借入资本涉及到签署本票。签署一份合同，规定谁是负责人并详细说明必要的承诺，那么一家公司就登记成立了。办公地点是租来的，办公用品是购买的，员工是通过更多合法的文件招聘进来的。

甚至在商场购买一条牛仔裤都需要文书工作：票据上的退款须知规定，让客户了解退款的期限（通常在 6 天内），是否需要收据，商店是以现金形式退款还是把钱返还到商店购物卡中。

这种文书很容易理解，但是合同却非常复杂，很多受教育程度很高的人都觉得法律术语很难理解。

理解一份合同

就像你拥有一份合同一样，你也应该确保自己能够理解这份合同。除非你已读过合同或者你的律师已经向你解释了合同的内容，否则不要轻易签署任何一份合同。错误地理解一份合同将在接下来的经营中耗费你巨额的资金。

你曾听说过合并条款吗？

合并条款是合同的一部分，它规定合同由甲乙双方之间新签订的协议构成，因此过去的协议全部作废。想象一下任何使你浪费钱财的方式，其中就包括签署一份载有合并条款的合同，这可能使你浪费成千上万美元。为什么呢？因为你可能通过签署一份载有合并条款的合同而错误地免除了对方欠你的每一项债务。

在签署任何合同之前，我都会小心翼翼地阅读合同中的每一个细节，并让我的律师也阅读这份合同。我额外支出的 2,000 美元律师费为我在将来的经营中节省一大笔开支。

拟定你们的合同草案

当你的律师正在以你的名义拟定一份合同时，请确保合同内容尽可能具体。这意味着你要列出自己所有的需求。尽管这可能看起来冗长，但请记住这样的合同能够最大程度地减少将来会发生的重大争论。当一个问题出现时，如果你可以参考书面合同的解决方案，那么和另外一方共同解决这个问题就会变得更加容易。如果你们没有一项协议规定每个人的参与度、各自的任务，以及彼此的义务，那么甚至一个小细节都能够引起一次重大的争论。

确保你的合同包括：

- 期望：双方希望从这笔交易中得到什么？现在记录下来，这样可以防止以后因没有满足各自的期望而引发争吵。

- 最后期限：合理的时间安排是确保实现交付的指导方针。合同中应该包括不能按期完成交付情况下的补救方案。

- 什么时候付款：对付款提出期望并对逾期付款做出惩罚以保护你的公司。你的公司需要现金流来保持领先地位。

- 在哪里分配这笔钱：特别是在商业合伙关系中，要规定好利益分配。否则，你的合作伙伴可能会把你们公司的银行账户当成个人现金库。定期为合作伙伴支付工资、股息或津贴可以保护公司资金并最大地减少将来的分歧。

- 违约情况下的补救措施：这可以激励你的合作伙伴，并在最坏的情况下提供解决方案。

- 律师成本和费用：在任何双方协议中加入一条规定，当出现纠纷时共同支付律师费用。这一条款可以防止对方认为自己没有任何损失便轻率地提起诉讼。如果他们硬要把你拉上法庭，增加一条律师成本的条款将强制对方承担你的法律费用，对方便会遭受损失。

找到最好的律师

尽管聘请一名律师的费用很高，但是你不需要花一大笔钱。管理好你的律师和你的诉讼案可以帮助你把成本降到最低。下面的内容教我们如何控制局面：

找到合适的律师为你提供你所需要的法律帮助

找到一位相关经验丰富的律师来为你提供你所需要的建议。如果你想要办理一份遗嘱或生前信托，那么你需要一份房地产规划或遗嘱认证律师；如果你购买的房产下面的土壤存在化学问题，你则需要一名环境律师的意见。房东需要一名房屋纠纷律师，承包商需要找到具有建筑诉讼经验的律师。

找到一名行业内拥有良好业绩记录的律师可以为你省下一大笔钱。

这虽然听起来简单，但实际上，大多数人聘请的是自己的朋友或家庭成员。如果你的朋友是一名刑事辩护律师，那么当你被逮捕的时候再给他打电话吧，请不要让他来为你制定商业合同。

你可能认为聘请一位朋友或家庭成员可以为自己省钱，但是这层关系会让你们双方都很失望：你将得不到你需要的服务，而你的朋友或家人将不得不去研究这个问题。比起聘请一名专家，聘请朋友或家人可能会让你支付更多。

一开始就和在该领域拥有数年丰富经验的律师合作，这将为你节省上万美元，他可以在更短的时间内回答你的问题，并在整个过程中和你并肩作战。当我住在一个缺乏丰富经验的律师的小镇上时，我发现即使出高价从外地聘请一位专业律师，就算他要开车好几个小时才能到达这里代表我出席法庭，这也很值得。律师拥有的实战经验越丰富，他就越有能力代表我，我节省的钱也就更多。

说到省钱，选择一位最便宜的律师可能很诱人，但是请记住，从长远来看，最便宜的律师也许并不能为你省钱。你要亲自调查律师的背景，确保他确实有足够的经验可以为你提供适当的法律指导。

我的观点是：在聘请一位律师时请运用常识。做调研，这很简单。查看当地的律师协会或者去本地的法院并查阅已存档的文件，你可以查阅到这位律师的前任客户的公共信息，你可以给他们打电话，参考他们的意见。

最后一件事：如果你的情况只能在法庭解决，要确保你的律师拥有诉讼经验。很多商业律师为你立案，带你进入法庭，却把你的案件移交给另一名律师，新的律师又要花时间来熟悉这个案件。最好找到一位能够从始至终独立完成案件的律师。

询问手续费和相关费用

当你支付 5,000 美元的律师费时，你需要确切地了解律师将怎样使用这笔钱来帮助你。这就意味着你已经询问过以下这些问题并找到了它们的答案：

- 你的计时工资是多少？
- 你会花多少小时来研究我的案件？
- 如果你打算跟踪，那么你需要专家证人吗？
- 跟踪会花多少天以及多少小时？
- 交通费包含在内吗？
- 需要雇佣一名私家侦探还是一名法务会计师？
- 你怎样记账？

把律师费用同你胜诉可得到的赔偿进行比较，同时调查起诉对象的资产状况，这样你便提前了解自己是否能够赢得法庭判决。

确保律师了解你的案子

一名律师应该成为你的代言人——研究你的案子，调查你的处境，并代表你的利益出席法庭。你期待律师能够在判决之前做好充分的准备，在法庭上为你的合法权益进行辩护，并以最好的方式来解决这个情况。毕竟，这就是你花钱聘请律师的目的。

是否能达到目的取决于你自己。很多诉讼案件都失败了，因为律师不知道发生了什么。很多时候，律师在走进听证会的前几分钟才开始阅读法律文书，就好比一名繁忙的医生在走进检查室之前才匆匆瞟一眼患者的病历。

一些律师吐露了一个惊人的事实：当他们走进法庭时，他们甚至不记得自己的客户长什么样了。

这种事情不应该发生，但是它却每天都真实地出现在世界各地的法庭里。像其他商人一样，律师也希望客户越多越好，所以即使一天只有那么多个小时，他们仍然接收了很多的客户。你可能在电视上看到过，有四个地方同时需要这名律师，所以她把精力集中到自己可以到达的那个听证会上，并成功地推迟了剩下的三个听证会。一小时长的听证会可能变成四小时，两小时长的证词陈述可能变成八小时，因而她无法及时处理下一个案件。

每一天，律师们都不得不先处理最紧要的案件而推迟其他的案件，他们企图平衡多个案件，却没有足够的时间去彻底地研究每一个案件。

结果，在律师事务所里面，大部分研究工作都是由助理人员完成的。时薪 30 美元的法律秘书和时薪 50 美元的律师助手是素质非常高的专业人士，他们运用自己学到的知识和积累的经验来研究你的案子——通过你打印成稿的案件，他们最后熟悉了你的复杂处境。

但是有人把他们踢开了——这些人不能代表你出席法庭，所以就在你的案件开庭之前，他们把你的文件转交给了时薪 400 美元的律师，这些律师每天工作 15 个小时，他们把自己有限的精力分散到太多的案件中，秘书必须提醒他出席你的听证会。这位律师一把抓起你的文件，并在开车去往法庭的路上才匆忙阅读。

律师在开庭前五分钟能够真正吸收多少信息呢？他可能在走进法庭之前迅速得出一个草率的结论，并尝试说服法官。

如果你已经为法律服务支付了每小时 400 美元的费用，那么你必须去争取才能切实地得到等值的服务。

准备不足是一件非常危险的事情。遗漏一个细小的法律根据就能够让整个案件被全盘否决。不要让这种事情发生在你身上。通过管理你的律师，主动掌握你的案件：

- 当你聘请一位律师时，律师事务所会指派一位律师来专门负责你的案件，请取得这位律师的联系方式。
- 与那位律师保持联系，以跟踪他对该案件的处理进度。
- 问一些问题，查明该律师是否正在为调查该案件做充分的准备工作。
- 如果这位律师总是找借口拖延时间，那么去找一名新的律师。这个案件对你而言太重要了，所以不能把它交给一个不称职的人来处理。
- 请务必在出席法庭之前就和你的律师沟通过，以确保你们的思路一致。
- 无论你做些什么，都不要因为太担心高额的小时计费而不去确认你的律师是否已经了解案件。如果你不愿打扰律师，是因为担心他会因此向你收取费用，那么这位律师可能就不会优先处理你的案件，而且你也得不到购买的代理服务！

避免冗余

与你的律师保持联系会让你花费一笔钱，但幸运的是，有一种方法能让你降低成本。一旦你承诺对方以小时计费，那么你就要找到最高效的方法与律师沟通。

我总是与一名律师初次见面之前就开始做准备工作。我会准备一个文件，用便于阅读的格式整齐地陈列好与案件有关的所有事实材料。在面谈之前，我会把文件材料发送给律师，并要求他提前阅读。当我们面谈时，我们便可以开门见山地讨论解决方案而不是把时间浪费在解释问题上面。

有效的沟通可以把见面时间从两小时缩短到30分钟，为你节省90分钟的计酬。

在我们初次见面后，我会给律师发邮件，而不是打电话。比起把时间花费在电话上，发邮件通常更快。想想你在发送语音信息和打电话的时候产生的计酬！邮件是一种更加有效的沟通方式。

记住，大多数律师都以15分钟为收费单位。这就意味着如果他们给你的语音信箱发送一条时长为1分钟的语音信息，他们就会按照15分钟的标准来向你收费。如果你给他们打电话并讲了16分钟，那么你将被收取半小时的费用。如果你需要在电话中交流，那么确保你的头脑清醒，注意时间，并在一通电话中问完所有问题。

你可能还需要一个笔记本，这样你就可以记录和律师之间的所有交流。这包括询问，律师何时抵达法院，他说了什么，目击者说了什么，以及对方律师说了什么。

当你收到账单时，你就可以仔细对比律师的记录（这通常是这位过度工作的律师后来根据自己的记忆做出来的）和你自己的记录。这也帮助你透彻地了解整个案件。

在法庭上，我会在自己桌前放三个不同的笔记本。其中一个笔记本用来记录法庭上所有证人的证词。这样做可以帮助我发现矛盾，然后我把这些矛盾指给我的律师看。在另外一个笔记本中，我写下需要向律师咨询的问题。这些问题可能会阐明疑惑，或者让律师注意到一些可能对案件有利的地方。第三个笔记本记录案件审理的时间顺序，这可能在盘问目击证人时有所帮助。

选择阻力最小的道路

律师有这样一种倾向，他们试图通过制造冲突增加计费时间来得到更多的报酬。一位律师提出了一个议案，即使他明明知道会遭到对方的反对。一位律师花了 10 个小时来研究及提出这个议案，然后另一位律师花了 9 个小时来研究并驳斥这个议案。双方律师都得到了出席法庭的报酬。法官驳回请求。账单寄给了客户，他们并没有意识到制造额外的冲突是完全没有必要的。

律师和你我一样，正在努力支付自己的账单，他们中有些人还要支付巨额的学生贷款。尽管很多律师都是值得尊敬的，但是为了确保你的律师严守职业道德，你仍然要提出足够的问题。一个好的问题是：“这有必要吗？如果我们不这样做会发生什么？”

让你的律师提供 5 个选项并告诉你每个选项的后果，然后再决定怎样选择。

总结

除非情况迫不得已，那么尽量避免打官司。庭外和解可能让你花费成千上万美元，但是比起打官司所花费的几百万上千万美元，只是九牛一毛。记住你的律师在为你工作，而你比任何人都了解自己的案件。务必让你的律师真正地代表你的利益，选择阻力最小的道路。质疑他的建议，请他明确地解释为什么必须做这些事情，一定不要盲目地听从律师的建议。掌握主动权并为自己节省律师费用。

永远不要低估直觉的力量。

——芭芭拉·科克伦

第16章

与承包商合作

你可以从一位承包商驾驶的汽车判断出很多有关他的信息。

无论你是正在重新装修你的办公地点，还是在修建一栋全新的大楼，任何一家新公司都需要一定程度的装修。随之而来的就是你需要做出一些重大决定，第一个就是：你应该聘请谁？

在寻找承包商之前，你要先考虑和一位空间规划师合作来开始你的项目。一名空间规划师会根据现有的空间，想办法使之最大地满足你的需求。他可以设计墙壁、办公室、办公室设备和器材的位置——通过在草稿纸上画草图或使用软件。

空间规划师可确保从前门到后门之间的每一寸空间都发挥其最大的用途。一名空间规划师会考虑这样的事情：

- 怎样保持噪音设备远离经理办公室及会议室却靠近最有需要的员工？
- 残疾人厕所位需要多大，柜台和坡道应该多高？
- 哪些建筑法规与你的项目有关？
- 你真的能够在面积为465平方米的空间内配备20间办公室吗？

寻找合适的承包商

接下来就是寻找合适的承包商。当然，每位承包商都会告诉你他是你的最佳选择。所以谁才是最合适的人选呢？

开始筛选前，首先淘汰那些没有承包商许可证和保险的人。要注意细节。你希望你聘请的承包商在来的时候开一辆车身印有公司名称的卡车或多用途运载车。他递给你的名片上印有他的承包商许可证号，并且他要能够提供至少三份以往的施工履历供你参考。

合适的承包商会把工作所需的工具整齐地排列在工具箱里。你发现他在开始工作之前会阅读他的工作计划并测量出正确的长度。他会带来跟随自己多年经验丰富的团队。他会把每项投标和价格都记录下，并在得到你的确认后再继续施工。

合适的承包商会做好自己的准备工作！因为他知道自己正在做什么，如有需要，他会和建筑检查员密切合作。他自始至终都一丝不苟，注意细节，每次都准时出现，并坚持跟进工程进度。

如果工作需要做出调整，他会先写好一份更改指令，让你过目后再继续施工。

差劲的承包商的表现

不要聘请一位驾驶小轿车前来参加招标的承包商。

我记得在一个项目中，那位承包商开着一辆福特福克斯过来参加招标。我认为他不可能把这些木材和其他大量的供应物装进这辆小轿车里，于是我把他从候选人中淘汰了。不幸的是，我的合作伙伴却接受了他的报价，因为他的价格最低。

然后问题就来了。他没有自己的工作团队，所以他雇佣了一些陌生人。很快他就把钱花光了，因为他不知道如何完成这份工作——成本远远超过了他所估计的价格。

结果就是，尽管他过去也有过团队施工经验，但他却从未承包过一个项目。

我们只好让他离开，但是他的错误却影响了我们好几个月，新来的承包商不得不先去修正他的错误。这说起来容易做起来难：根本没有办法修复一面往北偏离了两英寸的墙壁，除非把它拆了重建；而且也没有办法修复错误安装的门框，除非移除门框重装一次。

新概念亚洲餐厅艺术效果图

概念效果图的成果呈现

虽然我们以低价雇佣了这名承包商，但是他犯的错误却让我们浪费了更多的资金，这是一个教训。很多人都是吃一堑长一智，所以吸取他们的教训，在雇佣一名承包商之前要认真核实有关他的一切信息。

施工前

如果一名承包商通过了所有的检验，那么你在开始施工前要先获得城市许可。把承包商的计划书带去相关部门接受审批。当地的城市建筑检查员将会审查计划书以确保工程细节完全符合相关的安全法规。

这个环节可能耗时到令人沮丧，然而，当我去过一些没有太多建筑法规的国家后，我开始感激国内的建筑法规。我有一次在参加贸易展会时，脆弱的建筑装置突然垮落下来，有人被砸伤了。建筑法规要求人们正确施工，从而拯救人们的生命。

然而，很多人甚至连这个环节都想敷衍了事。如果你忍不住想要跳过这一环节，那么从长远的角度去思考。毕竟，最终你出售这栋建筑时会遭受更大的损失。潜在的买家会去市里核实你的大楼获得了哪些许可，如果他了解到你曾经敷衍了事，他可能会放弃购买。最理想的情况是推迟销售，直到这栋未经许可的建筑被拆毁或重新修复。

提前获得许可能够让你的日子过得更轻松。

施工期间

一旦开始施工，请尽量更换所有的旧设备。每当我改造一栋建筑时，我都会重新更换每一个小设备，整个空间会看起来焕然一新。再次强调，要彻底更换。在处理电源插座时，不要只更换插座盖，要更换整个插座。如果你确信室内没有会引发火灾的旧电器零件或一个负荷了太多厨房设备的插座，那么你的心里就会舒坦很多，这是值得的。

最后一点

密切关注承包商并向他提问。我和承包商合作了很多次，在合作的过程中，我总会密切关注承包商和他们的团队，以确保他们正在使用适当的工具和材料进行准确无误的工作。比如，当他们在铺设一条碎石路时，我会检查他们铺设的厚度是否合适。像这样进行监督就能够防止那些不够诚实的承包商偷工减料。

佛罗里达水墙商店外观效果图

佛罗里达水墙商店内部效果图

老板不一定总是那个最会赚钱的人，要招揽人才并为人才提供良好的待遇。

——凯文·欧利瑞

第 17 章

组建你的商业团队

几年前，我正准备收购一家比萨店。所有书面信息看起来都很棒：现金流稳定、顾客满意度高、建筑外观很得体。然后我走进厨房观察员工的工作。店主雇佣了几名年轻人经营厨房，他们并没有受到任何监督。我越观察这些员工越觉得不能购买这家餐厅。如果让卫生检查员看到这些年轻人在做什么，估计这家餐厅得遇上麻烦。

店主为何不再多花些钱聘请一名厨房经理来监督他们呢？

可惜的是，这家店的企业文化很轻率。当然，环境很有趣，但是员工的水平太低。我知道，如果我要购买一家比萨店，那么我就不得不雇佣一个全新的团队。我不打算这样做，所以我放弃了这个机会。

如果你稍作思考，你就会发现员工是导致好公司与伟大的公司之间产生差距的根本原因。如果苹果公司没有天才般的技术人员，它还会和现在一样吗？如果乔氏超市没有那么友善的员工，会发生什么故事呢？以及好又多超市，这个孕育了世界最友好员工的摇篮，又会怎样发展呢？

雇佣合适的人才需要花费时间，你可以用高薪来吸引人才。不必走极端支付过高的薪水，只要你提供的薪水足以吸引一群满足条件的面试候选人即可。一条很好的经验法则是：如果你看到投递过来的简历并不出彩，那么你的薪资就给得太低了。

也许你不愿意支付额外的薪水，尤其是如果你正处在创业阶段，资金有限。虽然如此，考虑一下，再多花点钱把最优秀的员工吸引过来，他们将在未来为你创造更多红利。这些员工的效率更高，这意味着你需要的员工更少，工作的时间更短。

这些员工将帮助你建立起良好的声誉。当一群卓越的人才环绕在你身边时，客户就更有可能夸赞你和你的公司。

如果你想敷衍了事，雇佣那些毫无经验却愿意接受更低薪资的人，要考虑到他们可能会犯一些触及你底线的错误。这些员工可能并不知道自己在做什么，你也不能保证他们能学会什么。即使你花时间培训他们，天资平庸的员工也不会变得出类拔萃。

一旦你发现了合适的员工并为他们支付了相应的薪资，那么你要在恰当的时机晋升他们的职位并发放奖金，以保持这些员工的满意度。记住，高员工流动率的代价很昂贵，因此用丰厚的薪水回报你的优秀员工，这会真正地帮助你降低成本。

虽然团队是你最大的资产，但是你才是团队中最关键的人物。在高强度下经营一家公司可能让你筋疲力尽，这就解释了为什么身边拥有一支强大的团队很重要。你需要时间来放松身心，一定要给自己充电。如果你拥有的是一支劣质团队，那么你会感到罪恶并恨不得亲自完成所有工作。如果你相信你的团队能够经营好公司，那么你可以在需要休息的时候养精蓄锐，使自己能够更好地应对公司每天抛给自己的重大问题。

整理简历

所以你将如何区分优秀团队和劣质团队呢？基本的常识会帮助我辨别出最能胜任这项工作的员工。

典型的招聘流程包括发布招聘启事以及整理投递过来的简历，然后进行面试并选择看起来最适合该职位的候选人。

面试很关键。实际上，面试比简历更能体现人的潜力。人们喜欢粉饰他们的简历，在简历中添加虚假的教育程度、素未谋面的雇主以及根本不会的技能。如果你在面试时花点时间，你就能够判断出这个人到底是徒有其表还是有真的才能。

坐在你面前的这个人，他的谈吐是否像一名哈佛大学毕业生？他的谈吐听起来是否足够深刻，让你感觉到他确实拿到了数学学士学位兼物理辅修学位？

我的建议是多花点时间，至少花一小时面试一位候选人。

很多雇主都会尽量跳过这个环节。谁有时间在每位面试者身上花整整一小时？

挤出时间。雇佣一名糟糕的员工代价有多高，虽然相关的估值存在差异，但是有一件事是肯定的：雇佣一名员工的花费不低。人力资源部门估算，雇佣一名级别最低的糟糕员工，会使公司的损失达到该员工薪资的三分之一，而且员工的级别越高，损失就越大。人力资源管理协会的一项研究表明，雇佣一名糟糕的员工给公司造成的损失可能达到该员工薪资的五倍。

无论如何，现在花时间会在将来为你省钱。

我有几个了解一个人本质的技巧：

1. 观察这个人，看他是整洁还是邋遢。面试结束后，这位面试者是否要在自己的钱包中乱找一番才找到自己的车钥匙？有条理的人清楚地记得自己的钥匙放在哪里。

2. 我会陪这位面试者去取车。车内乱糟糟的吗？从一位面试者如何对待自己的车就可以判断他会如何对待自己的书桌和工作任务。

3. 说到车，他是否量入为出？我宁愿雇佣一位在自己的能力范围内购买了一辆家用型轿车的人，而不是一位开着豪华轿车却拖欠了两个月车款的人。优秀的员工在生活各个方面都严于律己。拿自己的财务状况冒大风险的人很有可能也会拿你的公司去冒大的风险。

如果你发现了一位优秀的应聘者，那么展开对他的背景调查。如果他愿意驾驶公司汽车，那么你需要了解他的驾驶记录。查看他在之前的公司工作了多久，以及和其同事相处的怎样。雇佣一名爱捣乱的员工可能会引发他和其他员工之间的矛盾，所以在他开始工作之前，你要尽可能详细地对他的背景进行调查，药物检测也有帮助。

设置期望值

雇佣一名员工后，要为他设置较高的工作期望，确保你们俩达成共识。要非常了解他的工作内容以及他需要多长时间完成工作。

把所有事项都罗列清楚，以避免后期出现误会。不要雇佣进来后就想当然地以为他们自己会做好自己份内的工作。他们需要确切地知道你需要他们做什么事情以及你对他们的期望。如果你从一开始就跟踪他们的工作进度，并让他们知道你也参与了这项工作并对他们保持着密切的关注，那么你可以把期望值设置得高一些。让你的员工从一开始就明白不能对工作懈怠。

然后让他们努力工作不断晋升。花时间评估团队成员的兴趣和技能。了解最适合他们的职位。额外的培训会帮助他们取得成功吗？他们的成功就是你的成功。他们的工作热情越高涨，他们的工作效率就越高，那么你就会赚到更多的钱。当他们出色地完成一项工作时，你要表扬他们取得的成绩，些许鼓励可以让员工铭记于心。

每当员工取得里程碑式的成功时，你都要给予奖励，以保持他们的积极性。这虽然听起来是一笔额外的开支，但要记住，员工越开心，他们带来的回报就越大。

和员工随时保持畅通的联系。让他们知道你的愿景和方向，然后听他们的意见。你的员工已经清楚地了解了公司的动态。他们可以告诉你需要做出什么调整，哪些销售额在增长或下跌，以及行业前进的方向。你的团队就是你的专家，让他们告诉你怎样取得成功，定期召开会议让他们随时了解公司目前正在发生什么。

我发现办公室里的白板是一件有用的工具。在开会时它能帮助沟通，你可以把自己的想法写在白板上，你也可以记录待办事项，例如收发货物，什么货需要发送，什么货不需要发送。这些磁性写字板是非常好用的工具！因为当某件事迫在眉睫时，你惊奇地发现自己竟然能够跟上进度。

对付糟糕的员工

虽然运用常识可以组建一支优秀的团队，可是总有计划落空的时候。每家公司迟早都会雇佣几名糟糕的员工。我们来谈一谈怎样应对这些员工吧。

糟糕的员工可能导致很多损失，与其雇佣一名糟糕的员工，还不如不要雇佣。然而，任何企业主都会犯错，所以你可能会雇佣到一些并不尽职的员工。

还好，你通常能够一眼识破糟糕的应聘者。我的经验是，需要在一个月内判断这个人是一名优秀的员工还是糟糕的员工。

当我发现一名糟糕的员工时，我会试着与他进行公平的交易，在文件中证明他的错误，然后根据法律程序让他离开公司，这样我就可以继续雇佣更优秀的人。

记住，作为企业主，你的职责是找到并医治公司的症结。注意你的员工的一些行为发射出的危险信号。第一次危险信号出现时，请小心，第二次请放慢脚步，如果第三次看到危险信号，那么请转身逃跑。红色危险信号可能是一些这样的事情，例如连续上班迟到，与同事争吵，为效率低找借口，责备他人，惹怒客户，不愿倾听，等等。

当你确实需要解雇一名员工时，那么鼓励这名员工辞职。这样你可以避免一场潜在的官司。

这有一个很好的策略，开始记录与这位员工有关的每一件事。如果他迟到了，记录他迟到的时间；如果该员工错过了截止日期，那么记录下来并用邮件备份。

然后，把所有的记录展示给这名员工，问这样一个问题：“你认为你的工作表现达到了你应该达到的水平了吗？”

这位员工可能会说：“没有。”毕竟，你刚给他展示了所有的证据。

接着问：“我想你应该知道接下来该怎么办了。如果你站在我的立场考虑你会怎样做？”

很可能，这名员工感受得到他就要被炒鱿鱼了，他试图打你一拳并主动辞职以保全颜面。但是如果你必须解雇任何一名员工，都要做得得体。像这样说，告诉他们实情，并在解雇他们的过程中以礼相待。如果你温和地告诉他们，事情就会变得更加容易。然后你就可以找到一个合适的人选来代替他们。

记住，解雇一名糟糕的员工，为接下来迎来一位优秀的员工腾出了空间！

你最大的缺点可能会变成你最大的优点。

——芭芭拉·科克伦

第 18 章

与家人和朋友合作

1999 年，一位朋友为我推荐了一名新的造型师。我和这位造型师相处得很融洽。她有一股创业精神，所以每当她为我设计造型的时候，我们都会讨论生意。她告诉我她计划在这条街上新开一家发廊。她的父母过去开了几家发廊，她想和他们一起做生意。新发廊已经开始筹建，并准备几个月后在这条街上隆重开业。

我喜欢她，她聪明又有才华，我知道她会做得很好。当她邀请我去参观她的新发廊时，我答应了。

大约一个月后，我在附近的洗车店注意到一个广告牌，上面出现了我发型师的新发廊。我于是匆匆赶去检查。

当我走进这间发廊，我意识到它还在施工中。此时，我的造型师和她的母亲正在里面为客人做发型。

这位发型师笑容满面地迎接我，她对发廊的前景充满自信，告诉我目前家里的生意经营得很不错。

她想象着把它打造成一家提供全方位服务的发廊，人们可以来店内放松享受一整天，做按摩、修甲、面部护理，当然还有做美丽的发型。她们母女俩结合了各自在美容行业数年的经验，希望实现这个梦想。发廊的地段也不错，房东答应前6个月免租，所以她们有足够的时间翻新沙龙。

我和阿诺恩家庭，他们是我合作过的最好的家庭

我祝福她们一切顺利。我告诉她们如果需要我提供帮助，可以给我打电话。她们很感谢，然后我便去处理自己的事情了。

几个月后，我返回这间沙龙。我不希望看到眼前的一幕：施工停止了。

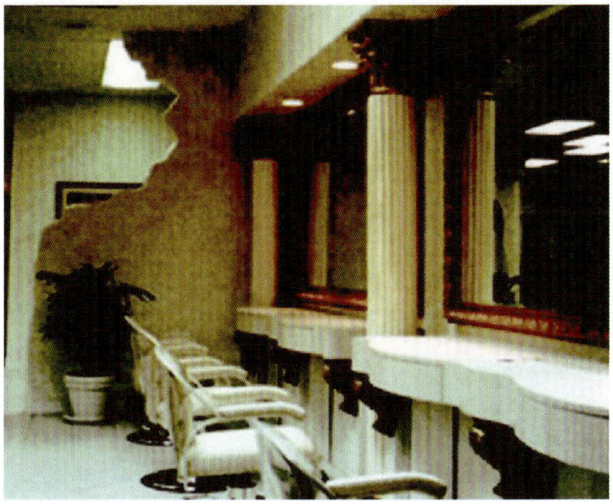
发廊安装了几面设计需要的3米长的镜子

我的造型师告诉我，5个月前，她们聘请了一名具有签约经验和发廊设计经验的朋友担任承包商，还有一个月就要开始交租金了，但不幸的是，她们的承包商朋友已经把钱花到别处，由于资金缺乏，他们不得不停工。

虽然他深感愧疚，但很显然这位承包商利用了他和我的造型师之间的友情。

发廊商店外部改造

她向我吐露，为了开这家店，她的家人已经倾其所有。她不知道如果她的朋友不能完成这项工作该怎么办。

看过他们的商业计划书并确信他们已

经做好一个切实的计划后，我便开始帮助他们。我已经经历过足够多的翻新工作，所以我知道怎样设计才能最好地利用空间。另外，我也有资金助他们一臂之力。我暂时搁置了自己手上的其他业务，在短短一个月内重新设计了这家发廊并完成了所有的装修工作。

为了回报我的投资，他们让我成为了该公司的合伙人。

这家人齐心协力地把这家发廊办起来了。父母、两个儿子和一个女儿（我的造型师）都全身心地投入其中，为建立忠实的顾客群长时间辛勤地工作着。后来发廊盈利状况良好，他们最终买回了我的股权。

现在，这家发廊仍在营业，客户常常对发廊的现代化设计做出很高的评价。作为他们生意起步过程中的一份子，我对此感到很骄傲。我永远都不会忘记他们，我和他们一起度过了人生中最愉快的一段时光。

找到微妙的平衡

创业会改变你的整个人生。一旦你开始从山上往下滚雪球，它就会滚得越来越快。你必须跟上它的速度。你会发现你需要留意很多事情。现在不存在正常的营业时间了，你所有的时间都变成了营业时间。

这次新的冒险会影响你爱的人，因为无论他们是否是你的合作伙伴，都会和你一同参与到冒险中。虽然你在某些方面有更多的灵活性，可是你不能够抛开一切，然后去轻松地度一周假。你的假期会不停地受到电话和短信的打扰。在家庭聚餐上，你的家人需要迁就你离开餐桌去处理生意。

记住，尽管赚钱是做生意的主要目标，然而保护好你自己和最亲近的人之间的关系也同等重要。没有人希望在生意场上取得成功，代价却是忽视了他所爱的人，某一天幡然醒悟时却发现自己已变成孤家寡人。

另一方面，如果你试图取悦每个人，那么你的生意就会遭殃。如果你所有的家庭成员都是上班族，他们可能难以理解你为何凌晨 5 点就起来接一通电话，或者在孩子睡觉后还要工作到深夜。

作为一名创业者，你必须找到一个微妙的平衡点，做好赚钱所要求的事情，同时投入足够的时间和关心以维持你生命中最重要的人际关系。

情侣之间尤其如此。如果你足够幸运找到了那个想与你共度一生的人，那么把这个人纳入你的计划。考虑他的建议，并结合你自己的常识加以平衡。

很多创业者都成功地找到了这种平衡。他们在努力工作的同时抓紧时间享受家庭生活。

也有人通过集合家庭成员创办家族企业而取得成功。依我所见，这是找到平衡感的最佳方式。毕竟，如果你和你的家人朝着共同的方向努力，你们之间的感情将会加深。

我的一位朋友拥有一家成功的墨西哥连锁餐厅，这所餐厅是他父母创立的，由后代们继承。这家连锁餐厅一代一代地传承下去，整个家族都兴旺起来，因为所有的家庭成员都齐心协力地经营这家餐厅。

保护你的人际关系和你的生意

当然，我的造型师朋友已经学到，和朋友及家人一起工作也具有挑战性，一位朋友或家人可能会干涉一门生意，引起两种潜在的打击（1）生意受到打击；（2）人际关系受到打击。

让我们看看以下几种方法，它们能够避免你的人际关系和生意受到危害。

确保你的员工有资格胜任这份工作

当人们开始一门生意时，他们雇佣的第一个人通常是朋友和家人。这很好，但前提是：你雇佣的这位朋友和家人必须拥有完成这项工作需要的工作技能。

如果父母雇佣自己的子女是因为他们的子女需要一份工作，或雇佣朋友是为了帮助对方摆脱困境，那么麻烦开始了。常识告诉你，不论雇佣谁，他都必须具备充分的资格以及强烈的职业道德感。你承担不起雇佣一名松懈的员工的后果，更不要说出于友情或亲情雇佣一名不专业的朋友或家人了。

即使你的家人或朋友积极性很高，你也要花时间培训他们，这并不能保证他们会学会自己需要学习的东西。然后你会做什么呢？炒掉你的朋友和家人？

你的公司需要雇佣有资格的员工，而不是刚好需要一份工作的亲戚。

用对待其他员工的标准来要求家人和朋友

假设你雇佣了一名积极性很高并且能胜任这份工作的朋友或家人。

你仍然没有走出困境：朋友和家人通常是第一个体会到工作太舒适的人。他们知道你非常关心他们并希望他们开心。他们可能会找你预付工资，他们可能会迟到，他们也可能会早退，他们可能会整天抱怨自己工作中的消极因素。

如果你的公司经营得不错，你可能为你的朋友和家人支付更多的薪水。常识认为，薪水必须和相关技巧、教育、经验和生产力保持一致，这样才能让你的公司正常地运行。然而，作为一名商业顾问，我经常吃惊地发现某家公司的现金全部被用于支付家人和朋友的工资了。

同时，其他员工都观察着这一切。他们会看到你的朋友和家人可以为所欲为，而且待遇比其他员工都高。

这会大大削减公司的士气。员工心中将会滋生怨恨，他们会拉帮结派，所有员工之间的人际关系也会四分五裂，他们开始更多地关注公司人事动态而不是如何做好自己的工作。

一些企业失败了，因为它们的企业文化中充斥着负面因素。甚至当你雇佣一名真正合格的亲戚，并用高标准要求他时，你的其他员工也会以为你任人唯亲，因而耿耿于怀。

考虑长期的影响

如果你必须雇佣一位朋友或家人，那么会发生什么？在雇佣他们之前请花时间对这个问题做深入的思考。如果你可以制定一些规则，并要求你的朋友和家人以最高标准遵守它们，那么你可以把这些规定写在合同中以保护自己。要求你所有的员工，尤其是你的亲戚和朋友，签署一份合同，里面详细确切地描述了他们的工作职责，以及抛开私人关系后会发生什么。

按合同条款办事，这样你的朋友或家人就知道自己必须认真对待这份工作了。

想出其他办法帮助你的家人和朋友

你要记住，如果你能全神贯注于让自己取得成功，那么你也许能够为你的家人和朋友提供更多的帮助。随着你的公司不断发展壮大，你会赚到越来越多的钱，你可以带你的家人去度假并支付私立学校的学费。如果你的公司真的运转得不错，你也许还能帮助自己的子女、侄儿和侄女支付买房定金。

如果你的公司遭受损失了，那么你还能为你的家人提供多少帮助呢？

我的孩子们，下排：尼克、吉莉安德、孙女赖丽；上排：查得、丽莎、布里特妮

成功案例

即便如此，很多家族企业都很成功。最初，维多利亚的秘密是罗伊和盖伊·雷蒙德向自己的父母借钱在商场里开的一家小店。在真人秀《典当之星》中，有另外一个家族企业，它微妙地平衡了家庭与工作之间的关系。这家企业位于拉斯维加斯，是一家世界著名的金银典当铺，节目记录了这家企业的日常点滴。仔细观察，那么你会注意到所有的家庭成员都知道怎样保持彼此的距离。每个人都清楚他的工作职责以及破坏规则的后果。日复一日，所有的家庭成员都朝着共同的目标努力：发展公司。在工作时间，他们是同事，在工作时间之外，他们便是轻松的一家人。

这就是公司经营的方式：即使员工是你朋友或家人，你也要首先把他当成自己的员工看待。

无论以何种形式，提前做出艰难的决定会让你在将来更加省心。

公司永远不会停滞发展，它必须前进或倒退。

——亨利·福特

第 19 章

成为众人追随的领导者

体现优秀领导力的一个最佳范例，是苹果公司的首席执行官史蒂夫·乔布斯，1997 年他带领苹果公司走出濒临破产的状态，然后把它发展成一家在 2012 年价值数亿美元的公司。

乔布斯是一个辍学生，他认为自己一生中最明智的决定就是自己并没有因为缺少大学学位就停止学习。尽管他的父母一直想让他上大学，但是在 1972 年，乔布斯进入里德大学后不久就失去了上学的兴趣。他为什么必须上这些无聊且与未来职业无关的必修课呢？他感到很愧疚，认为自己的父母把一辈子的积蓄浪费在这昂贵的学费上了，于是乔布斯正式退学，尽管他确实上过几堂自己还挺感兴趣的课程，其中一门课程是书法课。

他根本没料到有一天那堂书法课竟会给他带来意外的灵感，即在个人电脑中加入精美的定制字体。

乔布斯需要找到一个谋生的办法，所以，他在 20 岁的时候，开始和自己的朋友史蒂夫·沃兹尼亚克一起销售电脑配件。在那个时代，一台电脑有一个房间那么大。而且很昂贵：只有富人和公司才买得起。

乔布斯和沃兹尼亚克想要重新设计电脑，使它满足普通客户的需求。最终，他们设计出一台能放在桌上且很多家庭都买得起的电脑。

苹果公司诞生了。

经过十年的发展，苹果公司已经变成了一家价值数十亿美元、拥有几万名员工的公司。

然后乔布斯被解雇了。

这种情况下，一个人怎么可能被他自己创立的公司解雇呢？乔布斯提出了这个的问题。当他自己雇佣的人决定不再需要他时，他感到相当震惊。

事情的真相是，乔布斯是一个很难相处的人。他的脾气众所周知，他从不绕弯子，于是冒犯了很多董事会成员。他不彻底地解决一件事情绝不罢休，乔布斯把很多员工都远远地推离了他们的舒适地带。

最终，他们受够了。

公司的控制权交给了一位新的首席执行官，而乔布斯则失业并受到公开的侮辱。正如他随后在著名的2005年斯坦福大学毕业典礼致辞中形容的那样，“我整个成年人生的重心突然消失了，它带来的打击是毁灭性的”。

乔布斯的回应是卖掉自己仍然持有的苹果公司股份，在这场交易中他得到几千万美元，他用这些钱成立了一家名为NeXT的新计算机公司。他再一次投身于自己喜欢的事业中。他继续创新电脑科技，发展NeXT，直到它的市值达到6,000万美元。

乔布斯也发展了另一家名为皮克斯的公司。皮克斯公司制作了那么多的卖座电影，最终迪斯尼以70亿美元收购了这家公司。

同时，苹果公司却陷入低迷的困境。当人们问史蒂夫·乔布斯他原来的这家公司哪里出了问题，他的回答是：“苹果是一家基于创新的公司。当我十年前离开它的时候，我们比任何人都领先十年，问题就出在苹果公司故步自封。别人已经追上了它，而它的差异性就消失了。”

就在苹果公司前途暗淡的时刻，乔布斯被聘请回来。他拯救了这个公司。

乔布斯通过精简一切来改变苹果公司，他精简了产品线以及公司正在发展的一些技术。他专注于发明人们需要的实用的产品。很快，苹果引入 iPod 彻底改革了音乐行业。随之而来的是 iPhone，我们的生活不再和从前一样——一切都是因为一位优秀的领导者，他预想未来并让公司走上正轨。

你会怎样评价乔布斯的个性。你的评价可能是真实的也可能不是，但是有一件事很确定：他的员工都听从他的领导。他们非常兴奋地为他工作。

创办你自己的企业需要的不只是填写文件和开设办公室，你是一个组织的领导，从员工到客户的每个人都指望你的引导。他们想知道你正在建立一个切实的未来，能保证他们在接下来很多年都有事可做。

优秀的领导力显示在你做生意的方方面面，从网站到产品，再从发票到你的客户服务。所有这些方面都为你的客户传递你是否把公司经营得很好，以及你是否是他们想要合作的那个人。

有些人是天生的领袖，他们能够很自然地运筹帷幄，而他们的坚强和坚定受到大家的赞赏。其余的人不必一定是天生的领导者，但我们可以磨练自己的领导技能，成为人们愿意追随的领导者。

掌握领导的艺术涉及以下 6 个方面。

方向

领导要做的第一件事就是从大局考虑。你的公司愿景是什么？你们想达到什么目标？作为一个企业主，你有这样的优势：你能够退一步观察更宏观的局面并思考采取什么策略，你可以决定公司里的哪些领域需要更多关注，你能预测哪些可行而哪些行不通。

接下来，留意竞争对手公司的整体局面。这如同下一盘棋，你既要看自己的棋子，又要盯住对方的棋子。他们将向什么方向发展？他们是否会发展一项可以让你的公司遭到淘汰的新技术？你要如何创新才能领先于他们？

沟通

一切事情都始于一个想法，包括你自己的成功，它来源于你的创造性思维。然而，要把想法转变为现实，需要你和你的团队进行清楚的沟通，你的员工需要了解你们的发展方向以及你期望从他们身上得到什么。让沟通成为你的一个重要工具，优秀的领导会和每个人沟通。

通过询问相关问题开始你和员工之间的交流，聆听他们的回答，然后向他们解释你对公司的愿景。记住，沟通总是双向的。留意你的员工如何回答你的问题并切身体会他们的感受。通过向他们表达关心，你将会获得他们的尊重，并且带领他们走上发展公司的正确方向。

信任

一旦你的员工知道你信任他们而且愿意给他们机会证明自己，你就会得到他们的信任，这就会激发出创造力；另一方面，指责你的员工会引起他们的憎恨，并扼杀他们的创造性。不当的微观管理是最大的士气杀手。它有可能把你撞出公司发展的正轨，让你走上疑云密布的歧途。

你没有时间这样做。

雇佣优秀的员工（请看标题为“组建你的商业团队”那一章），然后假定你的员工是有诚信的人。虽然有些员工会失败，但是大多数员工都能应付自如。

也要记住，就如同你要学会信任你的员工一样，他们也要能够信任你，公司的根基才会稳固。优秀的领导了解每一项工作以及他们公司的每一个方面，从看门人到会计员。他们知道怎样生产产品，去哪里采购材料，什么时候不要销售，怎样做宣传，以及怎样维持公司的运转。当你拥有这些知识时，你的员工就知道你确实具备为公司做出最佳决策的能力。

培训

持续培训你的员工将帮助他们提高他们的工作效率并最大程度地减少错误。当你思考如何培训你的员工时，请想一想每个职位要求员工必须具备的硬技能和软技能。可以让一些员工参加课外辅导班或讲习班提高他们的能力，也可让另外一些员工在自己的办公桌前完成在线培训。在任何情况下，持续的培训都是一位优秀领导的标志，他相信能够带领自己的团队到达一个新的高度。

目标

领导必须先为团队创造整体愿景，然后引导每位员工参与到实现它的过程中来。当你制定你的愿景时，你要和你的团队合作。你和他们一起度过的时间越多，你就越了解他们，你也就能更轻松地辨别他们的能力并认识到如何让他们在你的整体计划中发挥自己的真实潜力。

细节

每件大事都可以分解为一些小的细节。很多观点表面上听起来很棒，但是细节却使得它们行不通。不论你手下有多少员工，掌控这些细节都是你的职责，要确保你的计划已被执行。即使你已经把这样的职责分配下去，你仍然不得不检查人们是否在履行自己的职责。

领导力要求你与自己的公司保持紧密的联系，要知道它的优势和劣势。哪些领域需要关注？怎样改善？你的前进方向是什么？你是否了解这些问题背后决定成败的细节？

一名优秀的经理会组建他的团队，把细节任务分配给具体的个人，并乐于接受观点和创新。他会定期召开进度会议以确保业绩完成的水平，设置明确的组织规则，并执行合理的命令。

但是，即便有最好的团队，也请记住你才是领导。责任掌握在你的手中，是否带领团队走向成功最终取决于你。

我在中国投资有形资产——玉石

第四部分

理财

小细节可以促成一笔交易也可以毁掉一笔交易，所以不要忽视细节的重要性。

——华莱士·约翰逊

第 20 章

偷工减料会削减利润

20 世纪 80 年代，我在南加州的约翰韦恩机场开了一家三明治小店。这家店被银行和高层办公楼包围着，一到中午，就会有一大群人来吃午餐。了解到很多人喜欢一边吃午餐一边工作，所以我决定提供三明治外卖服务。

我从本地学校雇佣了一些大学生来负责这些常规的送餐路线。他们每人带着一个冷藏箱，里面装着三明治、水果、水煮蛋、沙拉、糖、薯片、饼干、糕点、碳酸饮料和水。

我们使用优质原料：最优质的面包、肉和其他的产品。所有的食物分量都很充足，足以让两个人共同享用。

每周一到周五的午餐时间，三明治都被及时地送到各个办公室。我只雇佣最好的送餐人员，他们有很棒的人际交往能力，是天生的销售员。很快，所有的送餐人员都培养了自己的常客。

送餐服务非常成功。我们比想象中的还要忙，越来越多的人要求我们把午餐送到他们的办公楼，所以我们又增加了一些送餐路线。随着需求的增加，我雇佣了更多的送餐员工。在我开业的第一年年末，平均每天销售 900 个三明治。

作为独立的承包商，送餐员工卖得越多就赚得越多。他们很多人赚了很多钱，问我能否开设一条早餐送餐路线。我同意了，早上 7 点我们就开始营业。

早餐服务并没有特别成功，但是我的利润很可观，每个人都很开心。在成功地经营了这家店后，我决定卖掉它再次离开。

我把这家店卖给了一家人，并协助他们完成过渡期。

两年后，店主给我打电话请求帮忙。他们的利润不太可观，并把这归咎于目前的经济形势。

我听到这个消息时很失望，但是随着我们继续交谈，我开始意识到这位新店主可以挽救这家店。问题并不在于经济形势，而在于新店主偷工减料。

首先，他们解雇了我所有的员工，而且替换了所有具有优秀人际交往能力的送餐人员，取而代之的送餐人员并不关心他们是否拉拢了客户。没有个性的送餐人员把三明治送到顾客那里。曾经在枯燥的一天中，那个快乐、充满活力的环节如今变得和一天中的其他时候一样无聊。客户不再期待见到自己的送餐人员了。

这还不是唯一的问题。新店主降低了三明治的质量，他们使用了廉价的面包、肉，以及更廉价的奶酪。他们甚至尝试按照老品牌汽水的价格来销售通用品牌汽水。分量更少，但是价格却没变。

我毫不犹豫地告诉他们问题出在哪里。

“偷工减料会削减利润”，我说。

坦率地说，偷工减料意味着质量出了问题。如果你准备销售一样东西，那就尽你所能把它做到最好。

想要通过偷工减料增加利润是人的天性。我知道一位餐厅老板，重新销售一天前的冰红茶。为了什么？省下一两块钱。

如果顾客注意到他的饮料尝起来味道不太对怎么办？他可能不会再来光顾，而餐厅也会在一段时间后亏本。

要记住：偷工减料和精打细算之间存在很多差异。我最近和一群朋友去一家刚开业的意大利餐厅吃饭。餐厅的装修令人印象非常深刻：木梁横跨天花板，给人一种淳朴的感觉。院子里的花园保证了我们所有的菜肴都是用新鲜的香草和调料制备而成。

一切都让人感到温暖和舒适，但是，当我环顾四周的时候，我发现员工的数量远远超过了顾客的人数。服务员向我们鼓吹精心制作的甜点是由一位法国糕点师准备的。

我们并不是为了法国糕点师才去这家餐厅的，我们想要的是一顿大餐，甜点是后来才点的。对于一家刚刚开业的餐厅而言，聘请一名法国糕点师显得有点太铺张了。

显而易见，这家餐厅不会维持太久。餐厅老板肯定没有偷工减料，但是他也不够精打细算，劳动成本太高。光是法国糕点师就浪费了一笔钱。附近很少有人会对法国甜品感兴趣，但是即使菜单上有甜品，他们也可以从一家专业的甜品供应公司那里订购。

这甚至还没有考虑所有不必要的餐厅服务员，他们闲散地站在那里，什么事都不做。

偷工减料和精打细算之间的差别在于：如果你做的事情降低了客户体验，那么你就是在偷工减料；如果你做的事情低于自己的底线，那么你就是没有精打细算。

粗心大意和过度自信甚至比故意冒险还可怕。

——莱特兄弟

第 21 章

金钱永不眠

最近，三名男士向我咨询如何批发拍卖的汽车，修理它们，然后转售获取利润。他们的这个主意很棒。很多人都通过这种方式赚到了钱。汽车拍卖可以产生划算的交易——但是这些交易是具有风险的。

拍卖会上的汽车按照其本来的样貌出售，意味着没有保修。招标开始时通常没有足够的时间供竞拍者检查车辆。如果你竞标成功，那么你需要立即移走车辆。如果车辆不能启动，你可能还需要带来一辆拖车。

这两位男士对所有这些都做了评估。他们拥有推断车辆真实价值的专业技能。然而他们面临一个更大的问题：没有一分钱。他们打算通过透支可用的信贷额度，大概 20,000 美元，作为这项生意的启动资金。

我产生了很多疑问，第一个问题是：他们怎么能够支付生活费用，更不要说承担业务开支？

他们解释说，他们会住在自己租的仓库里来节省开支。

但是我计算了一下，如果所有事情都准备妥当，那么他们的仓库空间足以容纳四辆车。然而一周只有一次拍卖会，他们怎么才能靠同时买进并卖出四辆车来维持盈亏呢？而且，他们得提前支付全额的汽车费用。只要失败一次，他们就会惹上大麻烦。

我告诉他们省下这笔钱回家看电视可能更好，这比支付 20% 的信用卡透支利息要强多了。开展一项业务可能会耗尽他们所有的钱。除非他们有足够的资金作为后盾，否则为何要冒险呢？

这就解释了为什么做生意的第一个步骤是坐下来计算成本。你有足够的启动资金吗？与其花光所有的钱，落到没能力支付工资或租金的下场，诚实一点并承认你没有足够的资金会对你更加有利。

商业活动常识意味着要确保增加收入。

例如，假如你正在考虑开一家寿司店。想一想经营这家寿司店在整整一年内要花多少钱？

比如你的固定成本——房租、水电费、工资单、保险，等等——为每个月 5,000 美元，你的可变成本——食物原料、物资、售出商品成本——是不稳定的。因为你不知道这些项目的成本是多少，所以你把固定成本的 22% 算作可变成本预算，据我的经验来看，这是一个保守的数字。

为了方便说明，我们来稍微讨论一下。你的可变成本，假如，是 1,100 美元。这就使得你每个月的预算总额达到 6,100 美元。

用它乘上 12 个月（餐饮行业通常需要 1 年的周期来实现盈亏平衡），得出它在第一年需要多少资金才能维持餐厅运转，那么你的寿司店将需要大约 73,200 美元。

最后的成本可能更多也可能更少，但至少目前你得到了更多信息，你可以据此决定这是否真的是你想要的前进方向。

我就是用这样的方法来计算一家寿司店需要多少资金来维持运营的。

但是现在还有一个更重要的数字。你每天需要多少资金来维持餐厅运转呢？为了推算出这个数字，用你的月度预算除以 22。为什么是 22 而不是 30 呢？因为你可能周末会停止营业，即使你周末不休息，你也会有生意好的时候和生意差的时候。由于每种生意都有不可预知事情发生，你需要对你的生意做出调整，即假设每月只有 22 天处于盈利状态。

在我先前的例子中，你就要用你的月度预算 6,100 美元除以 22，得出你的寿司店每天需要 277 美元来维持盈亏平衡。

每天走进餐厅时，你要思考如何赚到这 277 美元。假设，你周一进账 400 美元，周二只进账 100 美元，周三、周四、周五每天进账 150 美元。周六和周日总共进账 500 美元。

现在让我们分析这些数字。

第一天销售额 = 400 美元

第二天销售额 = 100 美元

第三天销售额 = 150 美元

第四天销售额 = 150 美元

第五天销售额 = 150 美元

第六天销售额 = 250 美元

第七天销售额 = 250 美元

一周销售总额 =1,450 美元

这种情况下，你的一周销售总额是 1,450 美元，每天销售额只有 207 美元。你的日销售额少了 70 美元，周销售额就少了 490 美元。这还只是第一周。当第二周来临，你每天就需要收入 277 美元，加上每日额外收入 70 美元才能填补之前的短缺。这就意味着，你一周总共需要收入 2,429 美元。你需要注意你的日销售额，这样你才不会失去每日的目标。如果你每月有一两天的日销售额亏损了，不要以“糟糕的一天”为借口，也不要归咎于缺少一个节假日，或者一场大型演唱会拉走了你所有的顾客。你需要想出一个办法来弥补那一两天所损失的收入。以这种方式，你能控制你的现金流，且能够做出更加精确的月度预算。

一些简单的事情，如跟踪自己的真实现金流和开支，也许是生意成败的关键。毕竟，现金似乎在流入，但是你需要知道它是否也在流出。密切注意进出企业的资金，这样你才能随时确切地了解自己所处的状况，根据你需要达到的数字来调整你的工作量和价格。

弥补不足

如果你的企业已经落伍了怎么办?

要记住,任何一门生意都有其主要利润中心。对一家餐厅而言,6个主要的利润中心是食物、甜点、饮料、酒水、酒席承办,以及快餐车。当你专注于这几个方面时,跳出常规思维框架,你将找到很多提高销售额的方法。如果你环顾四周,你会发现成功的餐厅老板总是以改变环境的方式做出反应,而不是对环境妥协。他们采取积极主动的方式来应对问题,努力创新并弄清如何通过吸引客户的关注来提高销售。

我在自己的寿司餐厅采取的方式是改变甜点菜单。

寿司餐厅老板一般把开胃菜、饮料和主菜视为主要的利润来源。甜品菜单通常被忽视。这意味着他们只从餐厅潜在的6个利润中心里开发了3个。那些有甜点供应的餐厅通常只提供数量有限的冰激凌,然后就放弃了。

我开发了一些能够吸引顾客注意力的诱人甜点。鉴于我经营的寿司餐厅是亚洲风味的,所以我尽力做到有创意。从一名服务员端着甜点走出厨房、穿过餐厅、把它放到餐桌上的过程中,每个人都注意到了托盘中令人垂涎三尺的美食。我选择这些特色甜点,因为你并不会在太多餐厅看到它们。比起千篇一律的普通甜点,特色甜点更容易建立起一个甜点群。其他顾客可能会问那是什么甜点,而我若是在餐厅里,我会给那桌顾客一份样品,然后他们就上钩了。

这些高品质的甜点从意大利一路冷藏运输过来。每个月,我们都会增加售卖的甜点,这意味着我们可以把甜点作为一个利润中心。这些甜点的成本大概是1.32美元/份,我们每天以5.25美元的单价卖出140份,每个月大概有19,110美元的销售额,每年仅甜点就可以创造229,320美元的销售额,你也做得到。毕竟,大多数人都想要品尝一份美味的甜点!

无论你从事什么行业,都要记住:最容易接近的目标是那些已经决定花钱购买你的产品或服务的人群。获得餐厅内部消费者的注意力远比把钱花在电视广告或直邮广告上更加有效，后者只会传达给你 1% 或 2% 的客户，而餐厅内部广告会传达给你 100% 的客户。

这在我的餐厅奏效了：很快，顾客开始只为了吃甜品而到我的寿司店。由于我开发了自己的利润中心并确保我能够达到每日销售额，所以餐厅的收益增加了。

诸如此类的一些简单事情是我能够成功地将一家经营困难的餐厅扭亏为赢的原因之一。我不止一次购买了经营困难的餐厅，不料，每当原来的餐厅老板看到餐厅被经营地这么成功后，又回来出价把它购回。

随着你的生意逐渐兴隆，要记住这条规则：在花钱追逐目标和满足你的需要时，不要让花钱的速度超过赚钱的速度。你赚到的钱越多，就买得起越多的玩具，但是你必须小心，不要过于超前你的现金周转速度。

倘若你的钱包入不敷出，那么当一个巨大的商机出现在你面前或当你的公司未能实现目标时，你就会后悔当初的决定。购买心仪的物品时要考虑现金周转的速度。这样，当你的公司升级需要资金时，你的银行卡里才有备用的余额。

你最大的敌人是你的账单。你的欠款越多，你的压力就越大。你对账单感到越有压力，你就越难专注于你的目标。

——马克·库班

第 22 章

拆东墙补西墙

你有想过“拆东墙补西墙”这句谚语的起源吗？有趣的是，它是最古老的一句谚语，可一直追溯到英国改革家约翰·威克里夫的时期。1331年，威克里夫出生于英格兰约克郡。他是牛津大学著名的老师，国会向他咨询一些相关的法律问题。威克里夫也写了几本书，这些书对很多改革产生了深刻的影响。他在其中一本书中阐述了“赠送的本意必须纯洁”这一道理。他批评那些通过非法手段获取财富后又捐款做慈善而为他们之前的贪婪开脱的人。

那谚语就来源于这句话中：“上帝怎么会批准你以耶稣的名义把从彼得那里抢来的东西交给保罗呢？”

经过16世纪一场有关英国教会财政的辩论后，这句谚语得到了更加广泛的使用。圣彼得堡大教堂（现以威斯敏斯特教堂著称）的钱被提取出来用于支付圣保罗大教堂的修缮费用。人们抱怨说彼得的钱被抢去支付保罗的费用了（拆东墙补西墙）。

如今，这句谚语描述了这样的情景：人们花钱的速度比自己挣钱的速度还快，所以他们资金短缺，于是把用于完成这件事的预算用来填补另外的开支。这就导致他们资金更加不足，他们最终很难填补资金缺口。

拆东墙补西墙是商人最容易犯的错误。如果你控制好自己的账单就会省去很多麻烦。忽视账单、过度开销、拆东墙补西墙，这些行为已经摧毁了无数可能会取得成功的优秀公司。

为什么如此多聪明的商人掉进这个陷阱？这很容易理解。一方面，企业家可能太忙，以至于他们没有注意到一些不妙的情况。然而，另一个更大的原因是：我们的社会喜欢享受当下。

这是信用卡的口号：感觉不错，就去做吧。现在购买，之后再还。

我们立马拿出一张信用卡来购买我们想要的一切，并未思考我们实际的支付能力，没有人愿意等待。

经商也是一样的。很多人毫无准备就一头扎进公司。他们没有做计划，他们并不知道在公司开始盈利之前自己需要投入多少资金，所以他们一开始就资金不足。当账单到期时，他们以最省事的方法来回避困难。他们发现两星期后才需要给员工发放工资，便用一部分工资预算来支付租金。他们并不是借用这部分预算来购买新物资和备用物品，只是因为资金不足了。

人们很快发现自己需要通过拆掉东墙来补救西墙。他们只支付必要的款项，而拖延其他款项。每个生意人都曾经这样做过。你可以侥幸成功一两次（甚至好几次），但是你迟早会发现自己已经陷入了一个无法挣脱的泥潭。

让你的竞争对手去犯那样的错误。拆东墙补西墙预示着一个更深层次问题。一旦你把用于一件事情的资金拿来完成另一件事情，那么第一个款项就被拖欠了。账单到期了，却缺乏资金，费用无法支付，账单堆积如山，公司债台高筑。你最终官司缠身，还得聘请律师。罚款和利息会压得你透不过气，一直到公司倒闭。

主动控制账单，那么你就可以避免这个恶性循环。你不需要承受不停地拆东墙补西墙的巨大压力。即使你可以维持这个恶性循环，它也会耗尽你的时间、精力和资源，并不会为你的公司增加任何价值。

相信我，这样做不值得。

解决这一问题的办法就是自我控制。当你看到自己的活期存款账户里有钱时，不要随意动用。不要把钱花在自己身上。用这些钱进行商业开发。你要控制自己，只为公司花费合理的资金并压低其他的开支。不要把你的公司当做自动提款机，让公司成长壮大。不要仅仅因为账户有钱就把钱取出导致公司没钱继续维持运转。

我知道这很难做到，因为我们所有人做生意的原始动力都是赚钱。我们想要享受豪华跑车、豪宅和快艇。但是你要明白，成功会战胜时间。你的辛勤努力和常识最终会为你带来你一直梦寐以求的生活。为了等到这一天，你在开始做生意的前几年必须做出一些牺牲。

当你的公司第一年就取得了可观的利润时，你要忍住冲出去购买一辆豪华跑车的冲动。把额外的利润再次投资到你的公司中去。坚持开你的旧车，直到你的公司发展到一个持续盈利的阶段。在你的会计付清所有的账单后，若还有剩余现金，那么你可以为自己买一辆你想要的豪车作为对自己的奖励。毕竟，如果需要担心自己会失去这辆车或者为了偿付更多的账单而必须卖掉这辆车的话，那么谁还想要一辆新车呢？

耐心等来的回报更加甜蜜。

公司是在不断地支付账单的过程中成长起来的。虽然这句话听起来很简单，它却是导致成功和失败的关键因素之一。未支付的账单会带来更严重的问题。无论发生什么事情，都要掌握公司的动态，管理好公司财务，经营公司时要保证有银行存款以及备用的流动现金，要具备可用于紧急情况下的信用额度。

如果你没有足够的资金，那么就不要创业，做一个普通上班族比破产要划算多了。

挣脱束缚

如果你已经陷入拆东墙补西墙的恶性循环，那么这是挣脱束缚的方法：停下来仔细分析每一项开支。想一想哪些开支是无法避免的，削减那些不会影响你正常生活的开支。找到提高销售额和降低成本的方法。

很多公司已经拥有偿付账单的足够资金，但是他们却仍然濒临破产，因为他们把钱用错了地方。当我为一些公司提供咨询时常看到这样的情况：一家月销售额高达 100 万美元的公司竟然不能平衡盈亏。当我查看该公司的预算时，我发现它为朋友和家人这些表现欠佳的员工支付的薪水高得吓人。

摆托这个恶性循环的另一个方法是，考虑聘请一名职业会计师，例如一名首席财务官或者注册会计师，让他们帮助你发现需要做出什么调整。每个企业主在创业时都投入了很多感情，所以他们的激情很容易使自己失去理智。与其紧紧地抓住一家失败的企业不放手直到它摧毁你拥有的一切资源，谦逊地承认你需要得到帮助可能更加轻松。

最严重的警告

我要给你提出的最严重的警告是：当心你的信用。尽量限制自己的贷款额度。尽管宽松的信用额度很诱人，但是如果你不能偿还你的账单，这就会影响你的信用得分以及你未来的借贷能力。自从 1966 年第一张信用卡面世，美国大量的信用卡已经在更大程度上变成了一个问题而不是一个解决方案。

太多人给自己挖了一个陷阱，而破产成了他们唯一的出路。当人们不能偿还账单时，公司就不能赚钱，下滑的销售额会导致全面违约，整个经济体系都将受到影响。

回到正轨很简单。只要把你所有的生意账单放在一张纸上，列出你的月度利润。如果你还能剩下一笔钱，那么你就知道你做的是赚钱的生意，然后再列出你的基本个人帐单（不是奢侈品）。

如果你的营业利润足够涵盖你的基本生活费用，但并不包括别的费用，那么你要知道你必须从生意以外来获取这部分费用——或者完全放弃。如果你的公司只能支撑你的基本费用以及生意账单，那么你的正常生活方式想要得以维系，你必须经营着一桩不错的生意。然而，你不能老是靠拆东墙补西墙来支付豪华汽车、私立学校、加勒比旅行和昂贵的外出就餐的费用。你的生意支付不起这些费用。如果你为了额外的奢侈品一直从你的公司拿钱，没有什么东西可以再拿走时，你也就频临破产了。

可以肯定的是，企业破产会影响每个人。当一家公司倒闭，其他公司就会失去一位客户，因为它们不能再把产品和服务销售给这家公司。销售额下降就会导致裁员，这让很多家庭偿还抵押贷款变得非常艰难。

而且无论如何，你都不要搭上自己的房产。大多数人认为房子是自己最大的财产。当贷款还清后，房子确实就是你最大的资产！但是看看周围，你会发现人们由于不能保全自己的房产而导致了大量的经济问题。随着住房升值，他们抵押了自己的房子，贷款购买汽车和衣服，重新装修房屋并出去度假。这些仿佛是他们必须做的事情——直到账单到期。房地产泡沫破裂导致房价猛跌，然而他们的贷款仍然需要偿还。随着没收抵押品的浪潮席卷全国，资不抵债型房贷导致了全国范围的信贷紧缩。

故事的结局可以大不一样。如果你想成功，那么远离房屋净值贷款。我们的房地产市场之所以崩溃，是因为人们把他们的房子当做自动提款机了。你并没那么着急用钱。如果你的公司业绩每况愈下，那么你最需要的就是自己的房子。如果你必须搭上一些东西，搭上你的其他资产。你不能活在一纸养老金计划里，所以保护好你的房子。

精打细算，用好每一分钱进而用好每一元钱。要记住每一家大企业曾经都是一家小企业，它们谨慎地借钱明智地花钱。

我越来越清楚地认识到，要让金钱成为我的奴隶，而不能让我成为金钱的奴隶。

——约翰·D·洛克菲勒

第 23 章

及时止损

我朋友的朋友在一家大型快餐连锁公司的总部工作，最后成为一名快餐专家。她攒足积蓄后辞职了，决定开一家加盟店。她注意到，比起美国其他地方，新墨西哥州的快餐连锁店数量更少。实际上，新墨西哥州根本没有她想要加盟的这家连锁店。她认为没有竞争对手是一个很好的的优势，于是她把自己所有的资产兑换成现金，找到我的一位朋友请他投资。

我的朋友拥有雄厚的财力。他拥有商场、信用卡处理器公司，以及位于亚利桑那州和加利福尼亚州的几家快餐加盟店。他认为这位快餐专家知道自己在做什么。

但是他不知道的是，为什么其他人不在新墨西哥州开一家这样的加盟店呢？

遗憾的是，他和那位快餐专家都没有考虑这个问题的答案。他们一起投入500万美元，在新墨西哥州开设了 5 家加盟店。

两年后，他们仍然没有盈利。原来，新墨西哥州的人更喜欢德州墨西哥菜系，而他们的加盟店卖的却是汉堡。

于是他们陷入了困境，他们本可以先尝试经营一家店，使风险最小化，但是他们并没有这样做。

他们问我应该怎么办，我建议他们卖掉加盟店去经营一些其他的生意，但即使是寻找一位加盟店的买主都不太容易，没有人愿意购买一家经营状况不好的餐厅。如果他们能成功地把每家店以原价两成的价格卖给一位买主都算幸运，但是卖掉餐厅至少可以止损，让他们能够把资源转移到其他可能会让他们盈利的生意上。

但他们一直都没有找到买主。雪上加霜的是，他们签署了一份加盟协议，上面规定他们必须保持餐厅营业，否则会面临巨额罚款和相关的法律费用。

我的建议是，无论如何都要关闭这些加盟店，与其往不盈利的生意中投入越来越多，还不如承担压力，带着一些东西离开，而不是到头来两手空空。

遗憾的是，他们并未采取我的建议。相反，他们甚至投入了广告经费，希望可以改变德州墨西哥州的饮食文化。

这并未奏效，那位女士耗尽了所有资产，最终不得不申请破产，而留下我朋友独自背负所有的包袱。

花钱打了水漂这种事太常见了。开始创业时有想法很好，但是随后出了一些状况，于是没赚到钱。耗尽所有的钱财，更加努力地维持餐厅经营，并祈求别人借钱给自己。

在这个过程中，他们把问题变得越来越严重了。

这就如同乘坐在一条漏水的船里，在坐船的同时还要努力把船里的水舀出去。除非这个漏洞可以修补，否则这条船最终必然会沉没。

有时你可以修复这个漏洞并继续维持公司的运营，但是在向一家每况愈下的公司投入更多的资金前，你需要就目前的情况做一个如实调查。如果公司耗尽你所有的钱财后只能保持开业状态，那么你就要开始寻找另一条出路了，放弃这家公司并转移到其他生意中去。你已经为它投入了所有的时间和资源，要做出这个决定非常艰难。虽然如此，比起拼命抓住这家公司然后让自己失去一切，做这个决定不更加轻松吗？

常识要求你根据事情的实际情况而不是你自己的愿望做出决策。当你在决定自己是否可以修复这个漏洞时，请牢记 3 件事：

用预期风险替代绝对风险

要学会通过正确地预估时段卖掉资产

预期风险是指你已经研究并写下一份计划来确定公司的真实潜力以及直到公司实现盈利之前你会如何支付费用。认真计划，使潜在的现金流和费用相协调，支付账单，把钱存下来以备不时之需。预期风险是指你在行动之前就确切地知道自己将要面临的问题。

它包括你知道自己需要达到哪个数额，并知道自己如果不能达到这些数额，该在什么时候弃船逃走。

绝对风险是指当企业家把一切都押注到自己的一个想法上时，并没有进行适当的计划或了解成功的可能性。资金不足就开始经营，会导致各种问题，没有制订一个修复漏洞的切实计划就开始往船外舀水最终船还是会沉落。

如果你要冒险，那么了解你将承担的风险，使风险为你服务。

当企业家注意的是自己的情感而不是事实的时候，他们就会身陷麻烦。建立在研究和已知事实基础上是一件好事，但是没有事实支撑的希望会带你走进绝对风险地带。

跟踪公司实时动态

成功人士都有敏锐的观察力，他们关注自己的每一分钱。通过监控小的开支，他们可以维持公司的正常运营，这样利润就不会被迅速耗尽，在商业中量入为出和在生活中一样重要。

假如你的公司处于困境，请注意现金流预测。如果你深谋远虑且精于计算，那么你可以考虑裁员或搬去一个小一点的地方办公。

你难道不愿意早点看到警告信号然后修复漏洞，并在生意失败之前抽身离开吗？越早监控这些数据越好。

记住钱不是万能的

有些事情只能靠头脑解决。假如你缺乏一样优质的产品、一家优秀的公司或者一个不错的地段，或者如果你对做这项生意感到不适，那么钱是无法解决这些问题的。

有时候最好的解决办法就是停业去做其他的事情。当然，你可能带着低于期望的东西离开，但是至少你还有一些东西。如果你一定要坚持到痛苦的结局，你将会失去所有的财产，到时你该怎么弥补呢？

记住，赚钱有千万种方法。即使大多数人在创业失败后最不想做的事情就是再次创业，但是如果你开始关注另一个领域并努力尝试，你也可能会找到一条新的成功之路。然后，也许你投入时间和资源后最终会取得一些回报。

要知道何时止损，中断经营并转移到其他更有利可图的生意上，这样你才可以再次回到正轨去实现你的梦想。

我让一家保险公司报价。他们却给奥斯卡 · 王尔德最棒的一条语录。（注：英文 quote 既指报价也指语录）

——贾罗德·金茨

第 24 章

保险的重要性

随着水墙业务的发展，我在加利福尼亚橘郡开设了一家公司，在那里处理客户的定制订单。我找到一处不错的地方，前面是办公室，后面是仓库。仓库后面是一条小巷和另一栋建筑，我们把这栋建筑当作工厂。我忙着完成订单，想当然地认为既然我买了保险，那么一切就都有保障了。

与此同时，隔壁的企业主和他的一名员工产生了纠纷。一名不满的青年员工因为感到不公平或其他一些事情决定报复他的老板。等所有人下班回家后，他把易燃液体喷到信件投递口，扔了几根火柴进去，然后放了一把火。所有东西都烧焦了，包括我的办公楼，它就在隔壁。

一夜之间，我所有的产品和材料全被烧毁。我打电话给我的保险代理人，他的消息令我痛心：虽然我们给前面那栋楼购买了保险，但是我们不知何故没有给后面那栋建筑买保险。我不得不自己承担价值 125,000 美元的所有损失。

虽然很多人绝无可能从那场火灾带来的损失中恢复过来，但是我还拥有其他几家运营良好的公司。这让我总结出另外一个教训：要购买保险并逐年复查。

几年后，一名入室窃贼盗窃了我的仓库。这名小偷搜刮了附近有价值的东西。在闯入我的仓库盗取几件昂贵的水墙产品之前，他还从其他几个仓库偷走了贵重的家具。幸运的是，我已经吸取了教训。这一次，我购买了保险，并让保险公司赔偿了所有的盗窃损失。

虽然法律会强制购买某些保险，但是企业家往往最后才想到买保险。然而，保险会影响你做生意的能力。如果你拥有一家公司，你必须避免自己遭受各种风险，例如盗窃、责任、企业亏损、员工纠纷、工伤赔偿，等等。

保险很昂贵，因此根据其重要性来预算成本。记住不要敷衍了事，也不要太精打细算。换句话说，不能不买保险，但也不要购买太多保险。如果你是一家制造企业，你可能需要购买产品保险，以防意外发生。如果你的公司有汽车，你则需要购买汽车保险（注意：一定要有汽车当前的照片，这样万一汽车需要更换，你才能够根据汽车当前的价值得到适当的赔偿）。

优质户外打印艺术图像

第五部分

市场营销

我从未梦想过我能够建立一家价值 1 亿美元的公司，我只是刚好建立了一家价值 100 万美元的公司，而它变成了一家价值 500 万美元的公司，之后它发展壮大。

——罗伯特·赫贯维奇

第 25 章

有效的营销

当我刚开始做水墙生意时，我不得不去寻找有创意的广告方式。毕竟，我销售的是最低成本都要 5000 美元的艺术品。怎样才能接触到愿意支付几千甚至上万美元来购买一件水墙艺术品的高端市场客户群体呢？我开始在艺术收藏家阅读的艺术杂志上打广告。我购买了整版的广告，在每页广告中展示几面不同的水墙。我知道我必须通过展示很多种类的产品来营销该产品线，我对这个业务还没有经验，而且还不确定哪种款式最受欢迎。但是一旦人们知道了我的品牌和产品，我知道我就可以在每页广告中像劳力士手表占据整版只展示一块手表那样只展示一面水墙了。

营销水墙的第二种方法是参加高端贸易展会和其他活动，我拥有的第一个展位是在全美音乐奖上。红毯旁边的展位很昂贵，但是非常值得。明星经过时会注意到我的展位，很快我就接到了各种有钱人的电话。我为他们的住宅设计了各种各样的个性化定制水墙。

接下来，我用 25,000 美元购买了奥斯卡的供应商展位，我把水墙展示在距离入口处几米的地方。从未有人像我这样摆放过产品，而且我带来了最得意的 17 件水墙模型。更多的名人在我的展位前留步，他们都对我样式迷人、线条舒缓的产品赞不绝口。很快，大部分的典礼参与者都成为了我的客户。

1996 年，我的第一个整页广告

我坚持在贸易展览会上开设展位，因为这真的是一种与客户建立联系的好方法。通过购买这些活动展位，几年下来，我已经建立了坚实的客户基础，并享受着这些客户源源不断地为我推荐过来的新业务。

（说到推荐：这是扩展业务的一种有效方法。人们希望和自己信任的人做生意，所以，如果你被推荐给别人，那么你已经拥有了良好的关系。好消息是，这种关系很容易获取。你不需要花很多钱，也不需要花很多时间。你只需要做一件事情，即满足你目前的客户，我会在另一章讨论这一点。）

营销产生了这样的差别：有些企业成功了，有些企业失败了。在今天，你们的很多竞争者很传统，他们依靠宣传册和传统营销方式来做生意。但他们中也有很多人使用了最新潮的营销方式，如果你不赶上这个速度，就可能被踢出局。

营销的第一条规则

有关营销你需要了解的第一件事情是：人们很忙，所以你的广告最好高调显眼。如果你不能在几秒钟内抓住读者的注意力，你将不能赢得他们的订单。

花点时间想想那些吸引你的广告。你点击的是什么链接？你看过哪些商业广告？你记得一天之中看过的哪些广告牌？

你记得的广告可能很有趣、充满艺术感、激起了你的好奇心、让你生气或者让你伤感。

关于有效营销的书籍比比皆是，我建议你花时间阅读其中几本，比如尤金·施瓦茨的《突破性广告》（*Breakthrough Advertising*），贾斯丁·巴扬的《营销话语》（*Words That Sell*），以及迈克尔·马斯特森和约翰·福德合著的《伟大的引导》（*Great Leads*）。

我在《佛罗里达设计》杂志上的第一则广告

你也应该遵循下面三条规则：

规则 1：一切东西都要有效地代表你的形象

首先从你的名片开始，名片是把你传递给别人的一声问候。你需要一个时尚的商标、一张优质的卡片，以及一种干净、经典、简单的设计，这张卡片能向人们呈现出你可以把事情做得多好。不要对你的名片敷衍了事。名片设计要很专业，并用高端卡片纸打印。你的名片是你品牌的一部分。一张看起来廉价且单薄的名片传递给人们的信息是你没有赚到足够的钱，买不起优质的卡片。

如果你所从事的生意需要经常与人见面，那么你也应该创造一本专业的产品宣传小册子或目录。确保它能很好地代表你的形象，它的外观和感觉要与你的名片一致。

如果有客户要访问你的公司网站，确保它也要代表你的形象。网站要整洁，且尽量要有创意。商业人士喜欢有创意、精力充沛的人。事实上，与你相关的每一样东西，从你的名片到你的网站、产品目录、办公室和陈列室，都应该告诉客户你是货真价实的，从而使其累积对你有利的印象。

你希望他们说：“哇，这一定花了大价钱。连这样的花费都负担得起，他们肯定很不错。”

看一看世界上最大的一些公司，他们的营销材料看起来很高端。虽然你需要保护你的钱包，但是在这个方面你一定不能节约，尤其是如果你在自己的行业里还是最小的一家公司。从竞争者那里抢生意，你需要看起来有能力作为他们的对手！

规则 2: 基于你的产品选择你的客户

你喜欢这样的客户——他们不仅有能力购买你的产品，而且会买多件同样的产品。当我创建自己的定制枪鱼时，我的目标是有很多办公地址的大型公司，它们可能需要上千件带有自己商标的枪鱼。

当你知道自己追求的目标客户时，进行营销就会更加轻松，因为你知道在哪里投放你的广告，而且你可以根据你目标客户的喜好和品位来定制你的广告。

规则 3: 要与众不同

如果你的营销效果让你的产品看起来和你竞争对手的十分相似，那你拿什么来阻止一位客户和你的竞争对手做生意呢？你没有办法。

展示你为何与众不同。如果你做的事情同其他每个人做的事情都一样，那么无论你的公司规模有多大或者多小，任何一家公司都可以进入市场，在一夜之间踢你出局。你绝不会希望自己拥有一家毫无特色的公司，而很多商家都和你做同样的事情。

要在生意场上生存下去需要创新。做一些与众不同的事情，更加努力地工作，在你的产品上变一些新花样，或者提供一些别人没有的东西，通过营销，你就能在一群竞争者中脱颖而出。

例如，我的一家餐厅里有整整一面墙绘制了特殊的壁画。画面中，最佳顾客的面孔出现在一座纽约棒球场的旧式看台上。我把我最喜欢的顾客肖像以及最大的消费群面孔绘制在壁画看台观众的脸上。人们每个月都会回来看看谁会成为下一个绘制对象。他们喜欢这幅壁画，那些已经被画在墙上的顾客还把他们的朋友带来参观。这幅壁画花了3年时间才完成，而在卖掉这家餐厅之前，我却收获了15年的忠实顾客。这样做与众不同，并且奏效。

营销不仅仅是购买广告，它还要求你检查四周的情况。有多少竞争者？他们怎样经营？你的顾客是什么类型的人群？不论你在哪里做生意，你都要对你周围的因素进行总结归类。你怎样做到更好？怎样让顾客选择你而不是你的竞争对手？长期经营你作何打算？

每个竞争者都企图把你的客户吸引过去，怎样保持领先？在我另一家餐厅，我决定为空白的墙壁增加一项特色，这样当顾客坐在寿司吧台上吃东西时就可以观赏。我把一个投影仪固定到天花板上，编程一些鱼从墙壁的一边游出来然后消失在另一边，接着又有鱼从另一个角度游出来。当时，这只是一种编程的小把戏，但顾客却被深深地吸引了。他们一直想搞明白其中的原理。

营销真正的秘密是透过客户的眼睛来看待你的业务。你的产品如何让他们感觉良好？如果你拥有一家餐厅，那么答案就是优质的食物和服务；如果你拥有一家干洗店，答案就是以合理的价格准时清洗好他们的衣服。

无论你身处何种行业，都有一种方法让你的公司脱颖而出。

你的网站

你如何看待自己的网站？如果你没有网站，你就失去了巨大的潜在客户群。大多数人在和你做生意之前都会去查找有关你的信息。所以，甚至在你开业之前，你就应该建立并运营自己公司的网站。

而且建立网站不要敷衍行事，它需要看起来很有吸引力。

要确保你的网站容易被搜索到。你的URL地址应该容易记忆、简洁明了。而且你要确保你的公司出现在搜索引擎结果的顶端。如果你修理汽车，那么当某个人在你的城市搜索“汽车修理”时，你的网站是否出现在页面的顶端？要到达第一页顶端并不是件易事，但是你做生意的时间越长，你对所有搜索引擎的了解就越多。

你也可以为“点击量”支付费用，意思是你设置一个日度、周度或月度预算，每当有人点击一条与你的网站链接的广告，你就向搜索引擎支付费用。你的广告在搜索引擎世界中无处不在，所以这比起自然搜索可以为你带来更多点击量。你也可以把你销售的产品放到购物网站上，比如亚马逊、eBay、Target，或其他拥有大量网上业务的主流零售网站。

你的网站容易被搜索后，下一步就是让你的公司受欢迎。浏览公司网站的人越多，它就会变得越受欢迎，这为你的搜索引擎结果优化创造了一个良性循环。你可以创造出人们喜欢搜索的内容吗？美丽的图片、精彩的文章、有趣的食品……可能性无穷无尽。博客可能很有效，尤其是在出现一些客户感兴趣的话题时。

社交媒体

社交媒体是做广告的另一个好地方。开通一个推特（Twitter）账户，一个Instagram账户（尤其如果你销售的是一种产品），以及一个脸书（Facebook）账户。然后，研究别人是怎样利用社交媒体在商业中立于不败之地的。即使你因为个人原因不喜欢社交媒体，如果你想通过社交媒体学习广告的窍门，你也必须花时间和人们互动。

趋势变化如此之快，以至于到这本书出版时，社交媒体上又会出现新的营销方式。

要随时掌握最新的营销方式，最好的方法就是注意那些你点击的链接，吸引你注意力以及惹怒你的内容，接着再展开相应的社交媒体营销活动。

获取电子邮件

你能在你的网站或社交媒体账号上提供一些信息，鼓励人们提供他们的邮箱地址吗？假如你经营一家汽车修理店，你提供一本免费的小册子，名叫《了解更换机油价格高低的方法，以及免遭汽修师欺骗的六个策略》。

如果你为顾客免费发送报告，那么他们会告诉你自己的邮箱地址吗？我打赌他们会，这也给你带来了一份潜在的促销对象名单。

总结

营销策略在不断地演变，其中一些最佳策略经久不衰。如果你销售汽车，那么在汽车窗户上写一则待售广告不失为一个好的策略。只要记住营销的黄金法则是：无论你做什么，都要看起来专业！

也就是说，要确保任何专业的营销顾问都要有真才实学。“看起来不错”很关键，但是你的营销材料还需要起作用！如果你不知道怎样执行一个营销动机，或者不知道怎样吸引你的潜在客户，去寻找另外一种策略吧。

记住，你每花一块钱用于营销，都要通过销售至少赚两块钱回来。如果一项策略没有达到目标，停止花钱继续这项策略并做出调整，直到你找到能让你赚到钱的策略。

老板只有一个。那就是顾客。他们只需要在别处花钱，就可以使公司中从董事长到普通员工在内的任何人都丢掉饭碗。

——山姆·沃尔顿

第 26 章

让客户满意

这里有一则有趣的故事，是关于我在图派克·夏库尔住宅里发生的一件尴尬的事。图派克从死囚唱片公司的朋友那里打听到我，并让我为他设计一面定制水墙。当水墙做好后，我带着团队去他家安装，员工们见到图派克和他的明星伙伴们十分激动。

我们和图派克交流了几分钟后，图派克和他的朋友便离开去吃午饭了，而我和我的员工则开始工作。图派克开着自己的音响设备，虽然我喜欢他播放的音乐，但是声音太大，我们不能集中精力安装水墙。

所以我走到音响前试图把声音调小，但声音却更大了。我按了更多的按钮，声音甚至又变大了一点，以至于我的员工都用手捂住自己的耳朵，无法安装水墙。

幸运的是，图派克的母亲走进房间解救了我们。这件事说起来有点尴尬，我在房间里安装一面昂贵的水墙，却不知道怎样调低音响！

我们全都哈哈大笑起来，而图派克也没有为此责怪我，因为他很喜欢他的新水墙。实际上，他又继续把我推荐给其他人。从那以后，我有幸见到了很多音乐家，但是我再也没有尝试去调低音响的音量了！

我总是想起这个故事，因为它提醒我，和客户建立融洽的关系十分重要，取悦客户是做生意的首要任务之一。发展一家公司不仅需要吸引新客户，也需要保证现有客户继续光顾。不管在哪种情况下，你都要让你现在的客户满意。毕竟，他们是可以为你推荐生意的人。

做到这一点的一个最佳方法就是关注你的客户。当他们从你这里买东西时，要确保他们离开时很满意。即使这个客户很刁钻，你也要竭尽全力让他满意——尤其是现在。你承受不起任何一位不满意的客户写下差评，一件优质产品总是备受瞩目。

经商的一个重要部分，就是监督员工如何与客户打交道，要确保他们明白客户至上的道理。即使你从事的生意不需要穿职业套装，也要让你的员工穿着得体，也许一件带有企业标识的休闲球衣就不错。员工驾驶的车辆应该保持清洁。员工随身携带的一切物品——从名片到目录——都应该与企业标识和品牌匹配。这将向客户显示，你以及你的员工都是认真对待这门生意的专业人士。

此外，要确保员工明白，客户总是正确的。你可能遇到难以应付的客户，也可能遇到情绪不满的客户，尽管如此，你要始终尽力找到一种使损失最小化的解决方法，并且朝着积极的、与你的产品有关的主题靠拢。

与挑剔的客户产生共鸣

如果你正在应对一位挑剔的客户，那么想象自己正在经历世界上最糟糕的一天。从你起床的那一刻起，每一件事都不顺心。然后想象你的客户也正在经历这样的一天，你要设身处地为他考虑，你想别人怎样对待你呢？

你认为自己在最糟糕的一天应该如何被对待，那么你就应该这样对待这位挑剔的客户。一旦你找到解决方案并使你的客户高兴地离开，你就激活了一个最强大的营销形式——口口相传。满意的客户会把你们之间的愉快经历告诉他们的朋友和家人。而且他们自己也会继续光顾你的生意。

记住，让客户满意是提高销售额的最佳方法之一，因为你更容易向一个已经同你做过生意并拥有过愉快体验的人推销产品。

在营销和销售中，现成的客户被称为最低的果实。这就是为什么大多数零售店销售员都接受了这样的培训，在你已购产品的基础上继续建议你购买其他产品。服务员试图说服你在用餐时点开胃菜和甜品；换油店推荐额外的维修服务，例如更换空气过滤器或冲洗传动液；电子产品店的服务员说服顾客购买打印机和延长新买笔记本电脑的保质期；服装店把首饰摆放在收银机旁边，这样顾客最后除了购买新衣服，还会多买一条围巾、一条项链、一个香水和一个口红。

一个人一旦决定跟你做生意，那么你就打赢了最艰难的战役，要确保客户拥有愉快的体验。

如果你碰巧有一位天生粗鲁的客户，不管怎样，你已经尽力取悦这位客户了，那么考虑增加一项粗鲁税，这些额外的麻烦就会得到补偿。换句话说，提高你的产品或服务的定价。这样，你的礼貌态度和客户的粗鲁态度之间就达成平衡了。

努力工作。当你想哭的时候放声大笑。保持包容的心态，开阔的眼界以及进取的精神。

——瑞秋·雷

第 27 章

会展如何帮助你的公司

几乎每个行业都会定期举办会展，它们能够用各种不同的方式帮助你的生意。通过参加这些会展，你可以学到新的知识，结识新的朋友，发现最新的技术，最重要的是，找到发展的途径。会展对你来说不仅是销售产品的一次机会，也是让你了解新的行业趋势及建立重要社会关系的一次机会。在会展上，人们交流想法并受到启发产生新的灵感。新方法将被公开展示，等待你去发现。另外，你可能会发现一些供应商为你常购买的一些商品提供会展专有的折扣。我已经在900多场贸易展览会上出席或参加展出。我喜欢去其他国家出差，并顺便拜访该国的贸易展览会，结识来自世界各地的商人。我也喜欢参展，本章节讲述了我从多次贸易展会参展经历中学到的一些经验教训。

检验新创意

会展是一个检验新创意的最佳场所。如果你正在考虑成立一家新的公司，那么参加该公司所属行业的一些会展，看看这种类型的公司是否真的适合你。如果你发明了一个新产品，那么找到一个能够让你试销该新产品的会展，并判断公众的反应。这一点就解释了为什么连美国最大的公司都要派出高层管理人员到展会上学习。他们知道这是引进新产品并造成轰动的好机会。

接触行业领导者

会展通常会邀请该行业的领导者就有关话题进行发言。当这些领导者开始谈论他们学到了什么知识以及这些知识可以如何帮助你时，要做好笔记。发言结束后，他们通常会走下台和观众交流或者在会展上到处走动。如果你有机会，找到这些行业的领导者并向他们介绍自己，听他们说话，这是你接触这个行业的领袖并向他们取经的大好机会。他们可能知道你正在寻找的答案。向他们提问，但是问题要简洁，接着就是认真聆听他们畅所欲言。

你接触的一些行业领导者可能并不乐于助人，甚至可能是粗鲁且令人讨厌的。如果发生了这种情况，不要因为他们恶劣的态度和贫乏的知识而感到气馁，继续找更多的人交谈，你要结识的对象可能就在其他人中。

成为参展商

现在我们来讨论成为一名会展的参展商。当我设计出新产品时，我常常通过会展营销的方式获得成功。展览会可以让我遇见合适的客户并通过这位客户与大公司建立起重要

我的水墙在拉斯维加斯国际酒店餐馆用品展览会上展览

2007 年，芝加哥麦考密克会展中心的设计展

美国拉斯维加斯国际改装车及零配件展

拉斯维加斯国际授权展示 3D 打印

广州酒店博览会

平面设计展会上的 3 米 ×3 米打印展位

芝加哥艺术博览会

的业务关系。我开始寻找该行业最大的展览会。你可以上网按行业甚至按会展中心进行搜索，通常都能得到一张列出了全年所有展会的清单。为了确定该展会是否适合你参加，你需要了解参展人数、参展商、建筑平面图、成本、时间等尽可能多的信息。最简单的方法就是在展会新闻网站（tsnn.com）上查询这些信息，该网站详尽地提供了国际和国内会展的信息。

当我作为参展商参加展会时，我会重点确保我的展位外观看起来最有吸引力。如果它看起来很时髦，人们就更有可能来参观你的展位并了解你的产品。展位开始通常都是空空如也。你可以通过增添地毯、家具、电力、照明等来改善展位的外观。你有很多选择，从低廉到高昂来支付这笔额外的开支。高级地毯一类的物品传递给潜在客户的信息是：你把每件事都做得很好。

如果你的展位体现了一流的质量，那么你可以胸有成竹地告诉你的客户：你是最棒的。他们感受得到，你的产品应该和你的展位一样具有创意。

因此，我更加用心地设计水墙展位，用尽可能多的方法来吸引客户。路过的人们可以听到水流的潺潺声，看到时尚的设

亚利桑那州斯科茨代尔 Barrett-Jackson 名车收藏拍卖会

加利福尼亚州圣地亚哥设计展

1998 年，纽约艺术展

计。于是，他们很快停下脚步，开始询问，并成为我的客户，我的产品通常是整个贸易展览会上销路最好的。

对任何赚钱的生意而言，位置都是关键。最佳位置通常位于通道入口。如果可能的话，你要成为人们走进门来看到的第一个展位。次佳位置紧挨着饮食区，人们在那里吃东西的时候可以看到你的产品。

如果不能保证得到这两个好位置，我便会选择一个拐角处的展位，这样至少我的展位可以从三个方向来吸引人们的注意力。最好的拐角展位是人们从一边穿越到另一边的必经之地，或者一个独立完整的展位也不错，这意味着隔壁没有参展商会碰触到你的任何边界。如果你的展位在过道的中间，这是展会为某些希望能够从四个方向吸引客流的参展商而规划的位置。

虽然通道入口、饮食区旁和拐角处展位的价格更贵，但是对我而言，它们在吸引客户方面一直效果不错，一次大甩卖就能赚回参加展览会的全部成本。这就是为什么我总是提早计划，在还有豪华展位的时候预定。

搭建展位

关于展览会的一个建议是：千万别迟到。大多数贸易展会都规定了搭建和拆除展位的时间段。如果你迟到了，你就会被困在一长列正在搭建展位的参展商后面。你会错过会展提供的便利设施，如用于装载和卸载的推车。

有一次，我到达展位的时候发现它被搭建错了。你肯定不想花两三个小时才进入状态，而在修复展位的过程中又错过潜在的客户。

你也要记住，隔壁的参展商可能会试图侵占你的空间。我在设计展位的时候总是充分利用它的每一寸空间，所以如果我的空间被侵占，那么我的产品就没地方摆放。在这种情况下，我会叫来会展工作人员并让他们按规定办事。有一次，我注意到我的展位看起来没有 3 米 ×3 米那么大。果然，我隔壁的参展商占用了我的一部分空间。我们测量了展位，他们不得不把我的空间归还给我。

如果我迟到了，那将是一场噩梦。

要记住关于参加展会的其他注意事项

- 参加一次贸易展会很有趣但也需要体力。穿上你最舒适的鞋子，这样你才能不停地走一整天。
- 尽量吃健康的食物，即使你需要为此带一个小冰箱。你可能根本没时间去饮食区吃一口饭，即使你有时间，那里的食物也可能会让你毫无兴趣。吃一些沙拉和健康的食物会让你看起来精神饱满。潜在客户会注意到你的情绪：如果你精神饱满，你就会显得很兴奋；如果你的眼神看起来很疲惫，你可能会显得很无聊或对自己的产品不感兴趣。
- 为进入展位的客人准备一些材料。如果客人只是短暂地停留，我喜欢递给他们一张带有公司信息的名片。如果客人表现出更多的兴趣并且看起来更像要采购，我会递给他们一本完整的宣传手册。这些彩色的目录印刷成本更高，所以你要尽量把这些小册子递给真正的潜在客户。
- 会展结束后考虑举办一场宴会。你可以租一间酒店套房，点一些开胃菜，并邀请去过你展位的客人。人们真的很喜欢这些聚会，他们可以在这里放松自己并结交新的朋友。酒店套房也提供给你更多的空间来展示自己的产品，当人们可以在活动中看到这些产品时，销售就变得更加容易。

拆除展位

在展会结束的时候，你可能已经筋疲力尽，但是还有一些相当重要的事情有待完成，那就是拆除展位和打包。无论你带来了什么产品，都需要整齐地打包，这样才能在回程运输途中承受住交通的颠簸。你希望每件产品在下次展会上展出时都完好无缺。我用旧板条箱来保护我的材料，并为每件物品，从小体积的电视机到大体积的水墙，都设计了独立的存放空间。

每件物品都有自己的保护包装材料，甚至连宣传手册、工具和额外的配件都有。这些额外的付出使我保护了自己的投资。

芝加哥贸易展位

国际博彩展览会

我最初的投资更多地针对人而不是针对我相信的产品。我也意识到我真的乐于为那些值得尊敬的人提供一个千载难逢的机会。

——戴蒙德·约翰

第 28 章

干净：真正的商业秘诀

这是一家汽车修理店的故事。它的条件很完美，等候室干净且装修漂亮，休息室十分美观，工作区域也很整洁且保养得很好。仓库里铺着树脂地板，一切都完美无瑕。这家店就是这样建立的，里面配置的都是顶级装备。

老板卖掉了这家店，员工们当然会很紧张。他们不知道新老板是把他们留下来还是会带来一个新的团队。

幸运的是，新老板给这些员工带来了一笔千载难逢的生意。他带来一份每年价值 100 万美元的合同，负责为一家大型汽车保险公司修理汽车，这给新老板带来足够的收入用于支付员工薪水。他不仅保留了现有的员工，还给他们大幅度加薪。作为交换，员工们被赋予了更多的责任。

这位新老板采取放任的管理方式，他告诉这些员工要把工作做好并让客户满意。

几年过去了，这位老板自己没有时间管理这家汽车修理店，于是他默许员工来管理。遗憾的是，他们过得太安逸，反而没有尽忠职守。所有的地毯都污渍斑斑。墙上的艺术画褪色了，毫无吸引力。休息室也很杂乱，修理店内到处都乱糟糟地堆满了零配件。各种失修的破摩托车和汽车都停放在店里。店外也没有保持绿化。店面以前的光景不复存在了。

这家店里里外外看起来都脏透了。

如果这还不够糟糕，那更糟的是汽修师们就快失去这份价值百万美元的合同了，因为太多的汽车修理工作都不能在承诺的期限内完成。保险公司不愿意在顾客取回自己的汽车之前又为他们额外支付几天的租车费。

这位老板找到原因后很失望。他的员工对自己的工作环境缺乏关心，这让他意识到他们放任自流地对待了这些重要的事情。他给了他们几次改变的机会却不见起色，于是他打算卖掉这家店，即使店内脏乱的环境以及不断流失的客户使这家店的评估价值大打折扣。而且在出售前，他还不得不花一大笔钱来进行美化——他不得不剥离地坪，重新喷漆车位和过滤系统。他不得不更换地毯以及办公室和展示厅的瓷砖。倘若这些员工一直让店面保持清洁的环境卫生，那他就不必浪费这些金钱和精力了。

如果所有员工都多付出一点努力把这家店打扫干净，那么一切都会大不一样。

听起来也许问题并不在于干净与否，但是，可以肯定的是，干净确实是企业成功至关重要的因素。花钱雇佣一家优秀的清洁公司以随时保持你的公司一尘不染。这个钱花得很值得，因为干净的环境可以为你吸引更多的客户。如果你的客户看到你的公司如此整洁有序，那么他们在潜意识里会认为你提供的是最优质的服务。干净的环境也会让你的员工了解到你期待高质量的工作。

当你的环境很干净时，相关的每个人都知道你要求的是高质的产品或服务。

我一般都会把餐厅内外打扫得非常干净，我不能理解为何我的竞争者能够接受污渍斑斑的墙壁、肮脏的地毯、破旧的陈设以及破损的盘子。人们会观察到的。店内越干净，顾客就越舒心。从卫生间到库房里的一切东西都必须保持干净，污垢会被人们注意到，一片狼藉会让人们对你能够做好这项工作产生质疑。在拜访世界各地的工厂时，我总能通过观察他们的机器及其操作是否清洁环保来判断产品的质量。

记住，干净是一种通用语言，而杂乱却不是。经营生意时，富丽堂皇并不是干净整洁的必要条件。（事实上，我可以带你去一些贫穷的社区，在这些地方你会发现一些极其干净的家庭，和住在肮脏环境中的邻居比起来，他们有着同等的收入。）这就是说，如果你希望生意繁荣起来，干净的环境可能确实是个必要条件。

即使你拥有的是一家无法避免污垢的轮胎店或汽修店，干净也可以成为你最好的广告。你曾经走进过沛普男孩汽车零件公司（Pep Boys）、费尔斯通（Firestone）或者固特异轮胎公司（Goodyear）的店面吗？注意店内整齐摆放的工具以及干净的环境，其他人也都注意到了。

曾经有段时间，税务会计办公室以到处堆积的文件、磨损的地毯和破旧的陈设而闻名。会计们认为只要他们能为你节省纳税钱，其他的都不重要。虽然这曾经都是事实，但是如今的客户却不能接受这些脏乱。一些长期的老客户会忽略脏乱的环境并继续光顾你的生意，但是绝大多数潜在的新客户就会被那些拥有更怡人办公室环境的竞争对手吸引过去。

条理也很重要。当你的产品被整齐地展示时，顾客更有进去消费的冲动，顾客根本没有时间从一片杂乱无章的产品中费力挑选。

如果你必须从一堆东西里面翻个底朝天才能找到一瓶番茄酱，你还会买吗？你可能不会。这就解释了为什么聪明的商店井井有条地整理每一寸地方来最大化自己的利益。他们跟踪记录哪些产品卖出去了哪些产品没卖出去，这样每一寸空间都在赚钱。

即使你没有这么多资金来达到库存管理的水平，但是你可以为你的店投资购买一些展示柜。如果你需要一些装饰思路，那么你可以去参观一些成功的商店，看看他们是怎样布局的。

正如我提到的那样，把产品分类也可以促使消费者消费，把最畅销的产品放在收款机旁边。店中其他受欢迎的产品应该放置在与视线平行的位置。不那么受欢迎的产品可以放在货架的最低层。一定不要把销量高的产品放在货架底层上，因为客户不太可能弯下腰去进行挑选。

我最完美的作品——爱茉莉（Amore）水墙

第六部分

对特定行业的建议

如果我们做了所有力所能及的事情，我们自己都会大吃一惊。

——托马斯·爱迪生

第 29 章

靠有形资产赚钱的七条法则

“我该如何赚钱？”这是大学生们向我咨询时问的第一个问题。我的回答总是一样的：“运用常识。”我这样说的意思是，去找到牢靠的、被尝试过的、行之有效的方法来赚钱。不要希望自己能侥幸地在股市里找到财富。

虽然少数人炒股成功为股票市场带来了巨大的吸引力，但是大多数人在股市投资后都亏本了，或者他们自欺欺人地认为把钱从一项投资转移到另一项投资后就赚钱了，然而一年结束之际却是收支相抵。依我几十年的经验来看，买卖有形资产是一种远远优于炒股的生财之道。

为什么？

当你买进股票时，你购买的是无形的东西。这里的“投资”是一个可能会消失的概念。控制股市是不可能的，对你掌控之外的东西进行投资对我而言不是很有意义。

真相是，除非你碰巧走运。但是在商业中，你不能通过走捷径或希望靠运气来取得长期的成功。常识才是赚钱的真正秘诀。

关于如何快速获取利润，我能送给你的最好的常识建议是：专注于买卖有形资产。你能够碰触、品尝或闻到的任何东西都是有形资产。你坐着的椅子、身前的桌子，以及你手里握着的书，这些都是很好的例子。

使用常识，你可以通过买卖有形资产来获取利润。当你以低价买入一件人们需要的东西时，你很有可能以一个不错的价格转手卖出，进而获取可观的利润。然后钱就回到了你的手中，你又可以利用这些钱进行更多的投资。

想象一下：你在庭院旧货销售点和高端房屋销售处扫货，找到了一张售价100美元的桌子。你知道只需要把桌子表面稍微抛光处理，就能够以300美元的价格在Craigslist或者eBay上面卖出，而且你也知道相似的桌子的售价大概是500美元。你可以把你的钱翻两倍！

有多少投资能让你把自己的投资翻两倍？不多吧！

投资有形资产也有风险，做生意总是如此。当你拥有有形资产时，你承担的风险是你能不能卖出这些资产，该风险无论经济形势好坏都一直存在。然而，这是一个预期风险：如果你买对了，潜在的不利风险就会得到控制。

有关买卖有形资产最伟大的事情是，不管经济形势如何，你总可以驾驭这辆过山车：当经济增长时，人们愿意支付更多的钱来购买奢侈品。我的定制枪鱼就是这样的例子。在市场低迷时，人们就不太愿意豪掷10,000美元来购买一件艺术品。但是在高端市场，我可以释放我的创作活力，因为我知道该市场已经是一个销售艺术品的成熟市场。

买卖他人的不幸

当经济下滑时，你可以买卖别人的不幸。例如，如果原来的主人无法赎回一个储物箱，那么储物箱里面的财物就会被拍卖。换句话说，你就有机会购买别人的不幸。如果你在竞标这个存储箱里面的财物时出价最高，那么你之后就可以重新销售里面的有形财产。你能够以超低的价格买到这个装满了贵重物品的储物箱。

（顺便说几句，我曾购买过一个储物箱里面的财物，我一直尝试着把里面的一些私人物品物归原主，例如全家福。这是正确的做法——你要知道，成为一名成功的商人，讲道义是至关重要的方面。）

我们生活在一个不完美的世界，人们会遇到各种难题。回想你自己的生活，我敢打赌你曾经遗失过一样有价值的东西——原因可能是一次不良的投资，没能力偿还账单，或是其他一些不幸的原因。在世界各个角落都有人在遭遇不幸，这代表着你有机会找到一些打折的有形资产。记住，你要经常帮助别人，资助他们买回一些东西，否则他们就真的完全失去了这些东西。

我从一个仓库拍卖会上买来的沙发

在临时门店前面细心地放好广告牌

我曾经碰到过一笔大买卖，大概有1,000套沙发被扣留在一个发货仓库里。一位男士从国外进口了这批沙发，但是当沙发到货时，他的合伙人却携款消失了，留下他一个人不能提货。仓库业主也身陷困镜，他没有得到运输、跟踪和存储的费用。另外，仓库业主不知道怎样搬走这些沙发，它们全部都被包装在装运箱里面，占用了很多仓储空间。当仓库业主决定卖掉这些沙发时，我抓住了这个机会。这些沙发有9种不同的款式，它们被包装得很仔细，还加了保护垫，外观看上去很不错。

当一切都谈妥后，我走出仓库，以非常划算的价格购买了1,000套沙发。

当然，我现在必须找一个地方来销售这些沙发。我想在一个交通发达的购物中心找到一间零售商铺。我找到了一个空置了好几年的地方。

因为这家店一直空着，我就和业主达成了一个按月缴纳租金的协议，月租为4,000美元。由于空置太久，所以这个地方很破旧，于是我打扫干净店面，给它喷漆、清洗玻璃，改善它的外观，然后大功告成。

在一条繁华的大街上我拥有了1,115平方米的店面，所以我能够利用商店的每一个角落来放置沙发。建筑的一侧是一整面玻璃，距离车流只有6米的距离。我通过研究得知每天有16,000辆车经过那个位置。

利用该地段的优势，把几套沙发放在店门旁的人行道上，并在上面放一张大大的广告牌：

沙发出售

原价：4,199美元　　现价：1,599美元

沙发被打包得非常好

临时在繁华路段租了一间店面

鉴于每天有 16,000 车流量，所以摆出来放在人行道上

临时店面内部

我们充分利用所有的空间，人行道的另一个视角

商店位于两个红绿灯之间，所以经过的汽车在等待红绿灯时有足够的时间注意到这些沙发。

晚上把沙发和广告牌搬进店里后，把灯留着，这样车辆仍然可以从街道上看到这些沙发。这是在生意中使用常识的另一个例子。虽然大多数店主会为了节省几块钱电费把灯关掉，而我却乐于把这部分钱划分到我的营销预算里面。为何不让夜行车辆也欣赏一下商店橱窗里展示的商品呢?

到了早上，我把沙发搬出来放到街边，开始营业。

我雇佣了几名失业的销售人员，告诉他们这项工作是临时的，而且我将支付他们佣金。

我们在短短几个月内就卖完了所有沙发。即使是那些对大多数客厅来说都过大的L形组合式家具，在我把价格调低到900美元后也都被卖光了。顾客们很高兴能买到这么划算的沙发，他们在其他地方至少要花4,000美元才买得到。还有很多顾客给他们的家人和朋友打电话，告诉他们这个划算的买卖。

所以我们来看一下结果：我为仓库解决了一个难题，销售人员也赚了不少佣金，而我最后获得了差不多一百万美元的销售总额。我是运用常识并着眼于机会，成功地完成了这次交易。

这是运用常识的一个例子，我在适当的时间选择适当的地点，利用机会获取最大的利润。

把你的钱用来投资

这是我不断重复做的事情——把我的钱用来投资，用它去倒卖一些有形资产。对于有学问且有毅力的人来说，机会已经成熟了。例如，你可以买卖汽车。想一下有多少男士或女士不了解自己汽车的价值，或者只是想迅速甩卖然后搬去其他国家。在你的城市，到处都是这样待售的汽车，它们的销售价格至少比正常的销售价格低20%。你可以买进这些汽车，然后提高10%或20%的价格把它们售出以回笼你的资金。

在这个过程中，你可以卖掉自己的汽车而驾驶你正在倒卖的汽车。这可以降低你的个人开销。

如果你了解汽车，你每个月只倒卖四辆汽车，每辆盈利 2,500 美元，那么你就可以赚 10,000 美元。做这种生意的起步开销很低，你只需要一小块地方来陈列你的汽车，以及在车窗上张贴你的名字和电话号码。接下来你就可以申请你的经销商许可证，然后开始销售。

顺便说一句，如果你卖掉自己的汽车，并驾驶这些二手车，那么会有更多人看到车上的“待售”标识。

七条法则

如果你正在考虑开始经营有形资产业务，那么请记住这 7 条法则：

法则 1：注意以合适的价格买进，因为一件商品只值别人愿意支付的价格

只要你能以合适的价格买进，那么你可以销售任何东西。当你在考虑价格时，请把你的开销也计算在内，让自己留有余地，这样你才有很大的可能性以涵盖了开销和投资回报的价格进行销售，享受足够的利润空间，并把赚取的利润投资到未来的资产中。

在购买任何东西之前做好功课，这样你才知道这件商品在当前市场的销售价格。eBay 是一个查询价格信息的好地方，一定要注意 eBay 上面挂牌出售商品和已售商品之间的差别。一件商品的挂牌价可能是 1,000 美元，但是它只能以 10 美元的价格卖出。记住：一件商品只值别人实际上愿意支付的那个价钱。

例如，我知道在一个人口密集的城市，人们宁愿花更多的钱住在一个门禁小区而不是一个没设门禁的普通社区，即使这个社区更加高级。如果人们可以住在海边，他们则愿意购买一套更小的住宅，这是在买卖房地产时需要了解的学问。

法则 2：改良你的商品

事实上，当我开始买卖房产时，我购买的第一处房产是靠近海边的一套高级门禁公寓。我以低于市场的价格买入了这套靠近海边的房产，它位于一个很受欢迎的社区。因为我知道我将会彻底重新装修室内，所以我决定在这个有门禁的别墅区内买一套最破旧的公寓（见法则 3）。这就意味着我会以一个非常划算的价格买到一套面积为 102 平方米的两室两厕的公寓，最后我用280,000美元购买了这套房产。

我完全拆掉了内饰，取而代之的是崭新的一切：新的大门、灯具、橱柜、地毯、浴室瓷砖、硬木地板，等等。室内翻新花费了我将近28,000美元。我在公寓内加入了很多高端元素，它变成了整个小区最好看的公寓。我又额外改善了一些细节，而其他的房产商因一味省钱而经常忽略这些细节，通过这种方式，我比其他房产商以更快的速度卖出了这套住宅。

买家经过这片高端别墅时，注意到那些其他公寓缺乏的附加元素，最后4个买家向我报价，于是价格被抬高了。不到一个月，这套公寓就以420,000美元的价格卖出去了。我赚取了丰厚的利润，我把其中一部分存起来，另一部分用于投资下一个创意。

这就是我改造房屋一贯使用的方法。一开始我尽可能地拆除室内原来的装修（我的意思是一切装修），然后再用最优质的产品进行重装。我重新设计房屋，使它看起来更具吸引力。这点小小的额外功夫对提高潜在利润大有裨益。

20世纪80年代，我在加利福尼亚蒙罗维亚买了一套房子。它建于20世纪60年代，有三间卧室和两个浴室，房子的前面有一条长长的车道通向房子后面的车库。当房主晚上回来时，她不得不把车停到车库里，穿过后院进入房间，并且要经过一扇非常狭小的后门才能进屋。后院没有进行景观美化。它的面积非常大，路面凹凸不平，覆满泥巴。院子的后部砌了一个平台，所以院子的前部就低了几米。正因为如此，以前的房主没能充分利用这个后院。

房子的内部也十分破旧，但是我知道我可以重新装修，我把整个房子都刷了一遍漆，重新装修了厨房，放上崭新的地毯，接着又去改造了后院。

我在后院加了一堵护墙让它看起来面积更大。然后我用推土机把泥土推平，使地面保持水平，这样后院的每个部分都能得到充分的利用。我在地上铺了新草皮，并用植物进行美化，环境十分怡人。我在车库里新建了一间房，这就增加了房子的可用面积。为了让一切都看起来最完美，我又继续添加了额外的元素。当所有工作完成后，我把这套房子卖了一个非常好的价钱。

法则 3：购买状况最佳的商品

这条法则也许听起来和上一条法则背道而驰，那么让我为你解释一下。鉴于你的计划是先买进后卖出，所以无论你买什么商品，它都需要具备良好的状态，以尽快卖出。如果要彻底改造一套别墅，你不妨购买一套便宜一点的，但是你需要房子有最好的电力、水管设施和房屋结构。你不会想产生计划外的花费，购买一处具有重大问题的有形资产会因修理工作而耽误时间并增加计划外的花费。

你肯定不愿买到这样的房子，二十年前铺设的室内水管已经逐渐瓦解并最终破裂，水流喷涌而出淹没室内的一切东西。我的一位朋友就遇上了这样的事情：他在海滩附近的三层联排别墅里买了一套公寓，但是这栋建筑内铺设的水管无法承受足够大的水量供所有的住户使用。结果，水管系统缓慢地支撑了几年。一天，他楼上的邻居打开了她的洗碗机，他的公寓就在她的正下方，结果水就淹没了他的整套公寓。幸运的是，保险承担了所有的修理费用，但是没有人愿意摊上这样的大麻烦。

如果你发现一桩因为材料低端所以价格很划算的买卖，而你也正好打算更换这些材料，那么抓住这个机会。但是如果你发现一桩便宜得莫名其妙的交易，那么请不要管它。卖方可能隐藏了其中的主要问题。相反，鉴于你的业务性质，你要购买状况最佳的资产来使利润最大化。这样，你就不用花费额外的时间和金钱去修理它们。

法则 4：买入有市场需求的商品

你能更快地找到一位买家，就能够更快地获得利润让资金回笼，这样你就可以投资下一个项目。重点关注大多数人想要的产品，你就会有更多的潜在目标客户，于是你就能以更快的速度卖出这件产品。更多的人需要的是书桌、椅子、桌子、沙发和床而不是珍贵的油画；更多的人需要的是房子和汽车而不是船。做好准备工作去找到人们想要的产品会让你的工作变得更加轻松。

当然，我明白这确实有点可笑。我是一个销售定制枪鱼、定制哈雷摩托挡泥板和定制水墙的商人。我也了解市场：我知道如何找到所有的目标客户。如果你碰巧认识一大群对折纸手工艺品感兴趣的朋友，那么，就去买卖折纸手工艺品吧！

法则 5：只买进能在一个月内卖出的商品

如果你买入有市场需求的商品（法则 4），你也许能够在 30 天内卖出，这意味着你的投资会得到更快的回报，然后你将立即投资另一个项目。

如果你开了一家商店，买入能够在一个月内售出的商品尤其重要。这样想：店内的商品需要支付它们占用的空间成本。如果你看中了一个小物件，但是你不确定它是否能够在一个月内卖出去，你猜会怎么样？它可能在店里摆放三个月都无人问津，占用了宝贵的零售空间却没有带来回报。

如果你运用常识并能明智地购买，只买进那些能够在一个月内卖出去的商品，那么你的境况就会越来越好。至少每两周检查一次你的仓库以了解哪些商品容易卖而哪些卖不动。记住，盈利是你开店的目的。店里的每一寸地方都需要你支付租金（这就是为什么互联网业务有如此大的优势！）。

如果你经营一家在店面后部卖食品、店面前部卖葡萄酒的商店，那么确保这些酒为你带来了利润而不只是摆在货架上供人观赏。如果它们卖不动，那么调低价格甩卖出去吧。你可能认为自己在自欺欺人，但是如果这些商品不能支付占用货架的成本，你最好用一些畅销的商品加以替换。

法则 6：去除中间商

我有一位朋友经营化妆箱和化妆品生意，多年来在美容行业发展得不错。她的大多数客户都是美容学校和专业的化妆师，而她的大多数订单都来自互联网。

经商差不多已有 28 年，她发现自己的生意开始变得不景气并且利润大幅缩减。她对未来很担忧，于是向我求助。我在她的办公室花了一些时间来研究化妆品的行业动态。然后我们面对面对我的研究结果进行了探讨。

在过去的几年中，大量海外公司涌入了化妆品行业。海外公司很有优势，因为他们能够进口比较便宜的化妆品并以较低的价格卖出。但是这些便宜的化妆品通常质量较差。

我告诉我的朋友，要在这个高度竞争的行业中继续盈利，她不得不精简她的业务，把重心放在最畅销和利润率最高的产品上。她再也无法负担数百种薄利商品了。

我仔细观察她的生意，发现利润最大的产品是专业化妆师用来整理化妆品和化妆工具的化妆箱，而这些化妆箱的潜在客户是美容学校和专业的化妆师，或者在互联网上搜索怎样更好地整理化妆品的群体。我给她的建议是关闭她的化妆品业务，专注于营销这些箱子。

换句话说，我告诉她要运用法则 4 和法则 5：购买人们想要的产品，而且只购买能够在 30 天内卖出的商品。

我又问她是否直接从制造商那里购买这些化妆箱，结果她是从一位中间商那里进购。

于是法则 6 就派上用场了：我建议我们去寻找制造商并直接从制造商那里以更低的价格进购，以增加她的利润。一个月后，我带她来到中国。在那里，我们找到那个制造商并约他见面。我们也参观了美容行业的其他工厂和展示厅。通过这样做，我向她展示化妆品行业的动态。她看到了她进购的同款产品的出厂价，意识到自己直接购买的话可以大约节省 75% 的成本。

当我们见到这位化妆箱制造商时，他带我们参观了一个很大的陈列室，里面陈列着各种各样的化妆箱。这位制造商也出售化妆品、相机、行李箱、公文包等其他商品。仔细参观了这位制造商的各种化妆箱后，我们意识到这些产品的颜色十分有限——绝大多数都是铝合金色或黑色，有少数几个粉色的——款式同样有限，主要是格子、斑纹或豹纹。

根据法则 2，我告诉我的朋友她可以抓住这次机会提高盈利能力。如果她可以改善这些产品，提供独一无二的款式和颜色，将会怎样？

像这样，假设一家汽车公司销售的汽车有红色、蓝色或白色，另一家公司销售的汽车有红色、黑色、白色和黄色，第三家汽车公司销售的汽车除了以上颜色，还有橙色、银色、蓝色、棕色以及金色。

如果这三家公司销售的汽车具有相同的性能和设备，你认为哪家公司可以卖出最多的汽车？你猜对了：拥有最多颜色选择的那家公司。

如果那家公司增加更多的特色，例如闪亮的轮胎、双色喷漆和定制内饰？那么它的销售额会升级到一个更高的水平，很有可能超越竞争对手。

我告诉她跟上行业的流行颜色和款式非常重要，人们的天性使他们容易被美丽的色彩吸引。他们想购买一些看起来漂亮的东西，因为这样他们才会觉得自己买的商品物有所值。

如果你提供的商品比竞争者的商品更漂亮，那么你更有可能在那个行业获得成功。

我的朋友用心记住了我的每一条建议。她不仅去除了中间商，也开始利用自己的灵感来设计这些定制化妆箱。自从我们和那位制造商见面以后，她便开始直接同他合作并让他按照自己的想法生产。我帮助她取得了在美国的独家经销权，而且我们也通过让那位制造商抓住目前行业的流行颜色和款式，帮助他提高了销售额。

现在，这位朋友在行业内具备了主要的竞争优势。她的品牌叫做“Cosmo Cases”，它们在亚马逊、eBay 和贸易展会上成了热销品，她拥有市场上优质的高端产品。

我的建议一开始看起来很不可思议，但是它们最后却卓有成效！

去除中间商带来的好处十分巨大。在我的帮助下，她改造了自己的网站以展示她所有的新产品。我的平面设计团队帮她设计了一个商标。她得到了新的名片、宣传册、明信片以及一辆新的购物车，这些都突出了化妆箱的独特性。我们也在拉斯维加斯化妆品展会上定制了一个 3 米 ×9 米的展位来陈列这些箱子，该展会是美国最大的批发贸易展会之一。她收到了大量订单，并提高了利润幅度，这归功于我们曾花时间找到了直销厂家且创造了一些新产品，而不是从中间商那里购买同样款式的旧产品。

法则 7：不要与大企业展开竞争

最近，有人向我咨询有关进入贺卡行业的意见。我的回复是：为什么要在一个价值数十亿美元的行业里面竞争，结果发现自己试图超过的对手却是行业巨头？

进入贺卡行业是有风险的，因为霍尔马克已经占领了贺卡市场。

所有的大公司都拥有快速发展和生产产品的资源，因此在行业中占尽优势。让你的生意尽可能简单一点，因为做生意这件事本身就很困难。如果你经营一项不能被大企业复制的生意，这就会好很多。一家大企业不能使用它的资源来复制我做的枪鱼定制产品。一家大企业不会在一个庭院卖场购买二手桌子，然后把它们喷绘成独一无二的商品。

当没有人试图去复制你的产品时，那么无论你从事什么生意，都会发展得越来越好。（见“把一种商业创意转化为另一种产品”一章。）

亦要避免从事任何人都可以在家或小型办公室里经营的生意。虽然这类生意由于开销低而十分诱人，你却很难超越其他竞争者。例如，在印度，平面设计师能够以非常低的开销在家工作，这就阻碍了一家无法把开销降到这么低的公司继续成长。当然，如果你对平面设计有强烈的爱好，就并不一定要避免。但是你一定要为它增加一道别致的光环。或者，像前面有一章的标题那样，“给你的枪鱼加上火焰”。

无论做什么生意，买和卖都是最古老的赚钱方式。它可以追溯到很久以前，无论经济和世界形势发生什么变化，人们总是会进行买卖。

到处都有价值数百万美元的主意。

——萨拉·布莱克利

第 30 章

女性经营的企业

同其他很多单身母亲一样，贝蒂·奈史密斯·格莱姆艰难地生活着。经历过一段失败的婚姻后，她在银行找到了一个秘书的工作。即使晋升为执行秘书，她的薪水也只够她支付账单。工作本身并不容易：她要花大半天时间打字，那个时代还没有电脑。用电子打字机打一封信简直令人抓狂。一旦犯错就意味着必须得重新输入整封信，毕竟，那时还没有抹去错误的办法。

贝蒂认为一定有一种更轻松的方法，她回忆起高中上的艺术课。她记得当艺术家在自己的画作上犯错时，他们并没有重新来过，他们只是用颜料覆盖他们的错误。

她开始用不同的流体做实验。她在当地的图书馆研究了化学，然后发明了一种喷在错误字体上面的快干配方。她把自己的发明带到办公室，其他秘书很快就注意到了。她们问贝蒂是否可以试用她的“涂料”，她们十分喜欢这个简单易用的东西！

当然，你知道后来发生了什么：贝蒂发明了我们现在称之为“涂改液”或“液体纸”的东西。

贝蒂意识到她拥有了一款可以销售的产品，她很快设计了一个瓶子并在晚上回到家开始了她的生意，而白天她继续做自己的本职工作。

但是，后来她被解雇了。

一天，在工作的时候，她由于太疲惫而没有注意到她在一封重要的信上面打错了名字和地址。她寄出了这封信，老板发现那封信被寄错人时非常恼怒。

贝蒂被当场解雇了，此时她不得不快速思考。到目前为止，她每年只能卖出两千瓶，这不够她支付账单。贝蒂想卖掉她的发明，于是带着自己的发明来到 IBM 公司，但是他们不看好它的未来，所以她一无所获地离开了。

贝蒂后来回忆，那之后，她很快收到了一封来自 IBM 的信，告诉她稍微改善一下这件产品再回去找他们。然而，贝蒂决定，她要靠自己来推销这个产品。

直接向商店推销这个产品的效果十分良好。在儿子的帮助下，贝蒂的公司开始发展。随着更多的人发现这款产品并把它推荐给他们的朋友，销售额突飞猛涨。三年后，贝蒂遇见了她一生的挚爱并和他结婚了。十年后，这款产品年销售量高达一百万瓶。不久之后，吉列公司找到她，欲以 4,750 万美元的价格购买她的发明。

她接受并退出了公司，带着充足的时间和金钱去帮助他人，建立了自己的慈善基金。

现在让我们来看另一位自己发现了解决方案的女士：萨拉·布莱克利。

作为一个上门兜售传真机的销售人员，萨拉·布莱克利被要求穿连裤袜。她不喜欢穿露趾鞋时脚的模样，但是她确实希望连裤袜可以让她的肚子看起来收得更紧。

当萨拉·布莱克利为 Spanx 品牌想到这个价值百万的创意时，她的做法和大多数人不一样。她没有把这个创意告诉别人，直到她有机会对这个创意做细致的研究。她继续工作并继续钻研。她阅读有关商标和专利的书籍，并在下班后研究连裤袜的专利。整整一年，她都没有向别人透露这个创意。

通过充分利用自己的时间，萨拉在不受干扰的情况下全面发展了自己的创意。当她最终找到律师帮助她申请专利时，他们并不相信她。可以吸收脂肪的连裤袜？那肯定行不通，律师们都这样认为。

萨拉比他们都清楚，所以她自己写了专利申请，然后她开始致力于产品设计，下定决心让它穿起来尽可能舒适。

她花了一年时间来完成原型设计，但是只用了三周时间就让该产品进入了内曼·马库斯百货商店。她利用自己的销售经验，打电话给内曼·马库斯的产品采购员，请求对方给自己十分钟的见面时间，并承诺会让对方对自己的身材更加满意。

萨拉履行了承诺。当她们见面时，萨拉递给那位采购员一条连裤袜，并让她试穿。几分钟内，这位采购员就迷上了这条裤子，并给了萨拉一份合同。当它出现在内曼·马库斯的货架上时，萨拉亲自做模特在店内展示这款产品，以发展新的客户。同时，她继续寻找其他零售商，得到了越来越多的客户。

然后萨拉送给了奥普拉一件样品，她连做梦都没想到接下来会发生什么——奥普拉居然把 Spanx 列为她在 2000 年最喜欢的产品之一，萨拉要忙得不可开交了！她拥有了一个千载难逢的机会，然而她还没有为自己的产品做好充分的准备来应对潜在的反响。

最后，萨拉成功地建立了自己的公司，及时让美国发现了她的产品并让她成为了全国最年轻的白手起家的女性亿万富翁。

萨拉通过做研究、努力工作和精心理财实现了自己的梦想。现在，她仍然持有自己公司 100% 的股份，从未为了获得投资而卖出股份。这非常了不起！

女性利用她们新鲜的视角、坚强的毅力和令人耳目一新的创意取得了出色的成就，还有更多的女士有潜力成为商业领袖。

我给女士的建议与给男士的建议一样：如何通过思考解决你所看到的问题来进行创新。贝蒂创新期间，女性在银行行业里还不能晋升到执行秘书以上的职位。萨拉进行创新是因为，当她顶着佛罗里达的烈日痛苦地工作时，还不得不穿连裤袜。

你可以在任何地方找到创意。

记住，一个创意的评判标准是其他人愿意为它花多少钱。如果人们愿意为你的创意买单，那么它就是你拥有的最佳创意——涂改液是其他秘书想用的产品，连裤袜让内曼·马库斯的采购员对自己的身材更有自信。

集中你的资源来实现这些创意。

当你正致力于开发这些创意时，请记住有四个类别的产品，每个类别的产品都具有各自成功的可能性。无论你投资什么产品，它都很有可能属于这四类中的一类，所以请选择其中最适合你的产品。

第 1 级产品

人人都需要第 1 级产品。这些产品包括香皂、洗发露、纸巾、灯泡、咖啡、食物、卫生纸，等等。如果你的产品属于这个类别，那么你赚钱的可能性更大，因为人们往往会先购买这些东西。无论经济形势好坏，这些产品都卖得很好。发明一样这样的产品可以帮助你的公司顶住未来的经济风暴。

第 2 级产品

这些是人人都会使用的产品，例如手机壳、家具、擦碗布、真空吸尘器、化妆品、钱包、箱包，等等。因为人们会在日常生活中使用这些产品，所以整天都有人购买。这一类产品的新发明也不错。因为人们会不断地重复购买这一类产品，你可以发明一样新产品，建立稳固的客户群，然后继续年复一年地根据客户需求对它进行改善。重复销售给你带来了重新投资到产品研发中的资金。因此，人们向你购买越多的产品，你的公司就可以发展得越好。

第 3 级产品

第 3 级产品是技术型产品，例如电脑、手机、汽车、相机、电视、游戏机、平板电脑，等等。我把这些产品单独归类，因为人们想购买最新的装置，但是大多数人会首先购买他们需要的产品（第 1 级）和他们要使用的产品（第 2 级），只有当他们有可支配收入时才会购买第 3 级产品。

虽然第 1 级和第 2 级产品具有更大的销售增长潜力和应对经济波动的能力，然而第 3 级产品存在很多赚钱的可能性，人们可能对你的产品毫无抵抗力，甚至为了购买而存钱。记住，发明一件该类别的产品可能更具有挑战性，因为有更高的进入壁垒、更激烈的竞争，以及生产一件新产品时更高的成本。

第 4 级产品

这些是时尚商品，像宠物石、呼啦圈、滑板车、健身器材、榨汁机、穴位按摩手腕带，等等。你购买这类产品，使用一段时间，然后就把它丢进了车库里。它们一直放在那里，直到你举行下一场车库物品甩卖。人们一时兴起购买了这些产品，不管这些产品使用效果如何，他们都不太可能成为回头客。你肯定可以在这些行业赚到钱，只是需要为创业获利后销售额突然或急剧下降做好准备。

风险在于你不知道自己正在做些什么。

——沃伦·巴菲特

第31章

购买特许经营权之前的考量因素

特许经营机会遍布全球，它们很诱人，特别是对于初次经商的人。毕竟，他们不会感觉自己在单打独斗。购买特许经营权基本上就是购买别人成功的秘诀。特许人把他的方法整合在一个活页夹里并给予说明。他告诉你一切注意事项，包括把设备放在哪里，怎样面试员工以及你可以使用什么颜色进行装修，然后你就准备开始创业了。这在一些品牌知名度高的行业卓有成效。

然而，你必须在购买特许经营权之前做好准备。（不要忘了那位快餐专家因在购买特许经营权之前没做好准备，导致最后宣布破产。）

你可以从《特许经营商业评论》开始研究，该评论发布各种报告，里面包含了各种有用的信息。我最喜欢的报告叫做“业主满意度”。购买了特许经营权的商人后来感觉怎样？这是很重要的信息。如果业主满意度低，你真的还会走这条路吗？

搜集信息的另一个好地方是国际特许经营协会的年度大会。在那里，你可以和特许人面对面地交流，询问他们有关加盟的益处和风险，你也可以发现意想不到的机会。如果你想得到选择一个特许加盟机会的专业意见，那么参加这个会议，去接触职业经纪人，他们可以帮助你找到各种与你的才华相匹配的商业模式。（也就是说，如果你聘请一位职业经纪人，只需确保他把你的最佳利益挂在心上，而不是为了佣金向你推荐某个特定的特许经营权。）

此外，查看联邦贸易委员会的网站：business.ftc.gov. 这是一个政府机构，它规范包括特许经营在内的商业运作。该机构提供重要的消费者报告，这可以帮助你做出一个明智的决定。浏览整个网站，找到当前有关特许经营的新闻、法律和规定。

当你发现某个让你感兴趣的特许权时，你也要尽力调查有关那家特许经营公司的一切信息。如果它是一家上市公司，那么你可能会从美国证券交易委员会的网站（sec.gov）上找到很多信息。公开售股的公司必须提交的信息包括他们的收入、开销、管理层薪资水平、正在处理的官司、破产情况，以及任何其他可能会影响到公司价值进而影响其股票价格的因素。美国证交会的报告囊括了大量数据，它们能够帮助你了解那家公司是否具有健全的系统。

在购买一项特许权之前，继续搜集以下信息：

- **平均年销售量**：公司做得怎么样？显然，其销售额越高，对其产品的需求就越大。
- **市场饱和度**：该公司在市场上已经拥有多少家特许经营加盟店？你加入后会有足够的市场吗？
- **产品需求**：对该产品的需求只是短暂流行还是长期存在？你肯定希望自己销售的产品在多年之后还有人购买，而不只是流行一段时间后就被人忘记。
- **诉讼历史**：在法庭上公司发生了何事？母公司和特许加盟商之间是否存在很多冲突？
- **破产情况**：该公司是否曾经申请破产？它目前是否已经破产？这听起来不大可能，但是当一家公司需要重组债务或做出巨大改变以求生存时，破产是必须的。一些特许加盟商（或者他们的母公司）已经申请破产，却仍然在营业并经营地很好，比如丹尼斯、菲尔斯饼干以及 7-11。
- **加盟费用和运营成本**：开一家特许加盟店要花多少钱？在餐饮行业，你可能需要花费 50,000 美元购买特许经营权，然后再花 200,000 美元按照规定重新装修。所有这些费用都是开店前的成本。
- **持续的费用**：每年要花多少钱来维持经营？你不仅需要足够的钱来支付特许经营

费和建立一家店，也需要钱维持店铺运转直至它开始盈利。

- **特许权使用费**：找出强制性特许经营费的计划表以及它对你的影响。

- **强制性供应商**：该特许经营权是否要求你必须购买指定供应商的产品？你是否能够找一家成本更低的供应商？

- **支持和培训**：特许人为你提供怎样的帮助？这一点因公司而异。通常提供的支持和帮助越多越好。

- **终止特许权**：母公司不得不关闭了多少家店？是什么原因关闭？特许人如何处理与加盟商之间的冲突？

你可以通过研究了解到如此多的信息。我强烈推荐你和当前的加盟商交谈，以更好地了解他们对那家公司的满意度。询问这样的问题："你赚钱了吗？是你预期的数额吗？令你最意外的障碍是什么？在购买特许经营权之前你的期望是什么？你仍然会选择它吗？"

最后同样重要的一点是，在你签署特许经营合同前，要仔细阅读其中的细则。让你的律师审核并听取他的意见。要知道特许经营合同是由强大的律师团队所写的一份天衣无缝的文件，他们知道怎样弥补并让你摆脱任何潜在的漏洞。因此，特许经营权给与特许人极大的权力来控制你的经营。如果某些义务没有被履行，特许人可能会拒绝和你续签特许经营合同——那么你全部的投资都泡汤了。如果特许人跟你续约，它可能会提高特许权使用费，更改设计标准，并要求你重新装修整个店面，这只是其中几个例子。

你能承受这种压力吗？只要生意不错，那满足这些事项就会容易些，但是如果你挣扎在盈亏线上，你将很难履行这些义务。

每一门生意都有其风险和回报。因此，你要找到适合自身优势和技巧的机会。虽然有很多人都通过经营加盟店获得了成功，然而对于他们的成功来说最重要的因素是花时间找到最适合自己的特许经营机会。

总而言之，这都是准备和研究工作。思考你内心真实的想法以及你是否能够实现这个想法。可能你从事另外一桩生意要好得多。

生活中没有遗憾，只有教训。

——詹妮弗·安妮斯顿

第 32 章

购买非特许经营权

我曾经吃过一个大亏。几年前，我在我的湖滨度假公寓度过了整个夏天，它位于亚利桑那州的一个小镇上，当时我的情绪有些躁动不安。我想既然我会在我的度假公寓待这么久，我应该在那里经营一桩生意。

我开了一家小画廊，雇佣了一些优秀的员工，并让这家画廊变成了镇上最好的公司之一。画廊的隔壁是一家小餐馆，我每周都会去那里吃几次午饭。

问题是：食物并不好吃。我不断地尝试不同的菜肴，但是我唯一喜欢的是培根生菜西红柿三明治。

一天，我点了一份熏牛肉三明治，实在难以下咽。店主来到我的桌子面前问我是否喜欢我的午餐。起初，我尽量保持礼貌。因为我们是邻居，于是，我们便开始交谈起来。我了解到他和他的妻子拥有这家三明治店。他了解到我的餐饮背景，于是开始向我请教。

由于就在隔壁，所以我知道他的餐厅生意比较冷淡，而且我最终决定给他们提出诚实的意见：餐厅缺少客人是有原因的。大多数食物充其量只能算一般水平，装修很单调，厨房看起来很脏，主要的冰箱放在停车场的一个拖车里，它由一段延长电线连接到餐厅里面。

简直是一团糟。因为我喜欢帮助公司扭转糟糕的经营状况，所以我答应帮助他改善这家经营惨淡的餐厅。

这是一个错误的决定。

以 50% 的股份作为交换，我向餐厅投资了 250,000 美元。我立即开始工作，重新装修厨房，更换设备，并引进一支爵士乐队。我也更换了菜单，并教给厨房员工备制食物的新方法，他们提供的芝士薄牛肉三明治很难吃。店主以为这是全镇最美味的食物，很明显，销售结果证实事实并非如此。

当我完成工作时，餐厅几乎被彻底重新设计了一番。

一切看起来都很顺利——除了一件事。尽管我们有一份合同，但是餐厅老板还没有签字。当我询问时，他告诉我他的律师正在审核，而他会尽快签字。

我愚蠢地相信了他的话，并继续投资。

你知道后来怎么样了，对吗?

真相终于浮出水面。店主对我所说的一切都是谎话。他们夫妻俩都有被拘捕的记录并长期从事一些可疑活动。他们从一个镇跳到另一个镇，开始做生意，拿投资者的钱，破产，再借钱，躲避债主，然后搬到下一个镇重新开始。他们没有一次生意做成功过，因为他们不知道自己在做什么。他们只是不停地从任何可能的对象那里拿钱，然后再拆东墙补西墙。

他们一开始就负债累累，经常拖欠租金，已经濒临被驱逐的境地，而在我开始投资的几个星期后他们就被驱逐了。

投入了所有的资金后，有一天我走到餐厅门口发现门被锁上了：司法长官正在执行一项法院下达的扣押餐厅的法令，门锁已被法院下令更换。

我不想失去自己的投资，所以我又犯了另一个错误。我自己掏腰包替他们还清了欠款，这样他们就可以继续营业而我也可以保护自己的投资了。

我甚至在餐厅装修期间借给他们生活费。万万没想到，从医疗费到美国国税，他们到处都有欠债。他们甚至蒙骗了整个镇上的人，让人们以为他们很富有，而事实上，他们那时已经负债累累好几年了。债权人纷纷申请留置他们的财产，他们有被没收财产和被驱逐的信用记录。

在与他们合作之前我已对他们进行了背景调查，但是调查结果中并没有出现这些信息。他们过去一直在经营一些皮包公司，这些公司的名字和他们告诉我的并不一样。实际上，他们没有权利把餐厅一半的股份卖给我，因为他们已经把餐厅大部分股权抵押出去进行其他几桩更大额度的贷款了，而这些债主在我到达之前的几个月就已经开始起诉他们。

事情真是一团糟。我别无选择，只能把他们告上法庭。我立即提起诉讼，反过来，他们试图在整个镇上玷污我的名声，与此同时他们仍然利用我的想法、菜单选项，以及我为他们重新设计的装修来继续经营餐厅并从中盈利。

即使是我自己把钱给他们的，我还是不能抹去他们变得邪恶的事实，但实际上这些都是我的错误。我不应该在没有进行深度调查之前就跟他们合作。

最后，我通过其他商业投资弥补了这一损失。损失的钱给我造成了伤害，但并没有对我造成致命的打击。但大多数人没有我这么幸运，一个错误的商业决策就可能让他们满盘皆输。

在打算入股一家公司时，你需要考虑很多因素。既要考虑现在，也要对过去和将来做同样多的考虑。你要考虑每个方面，从可能和你一起工作的合伙人到在未来数年可能对你的公司产生影响的法律和法规。

例如，干洗企业。干洗店可能利润极高，很多百万富翁都是靠干洗发达的。但是如果你正在考虑买一家干洗店，请考虑环境规章制度正在发生什么变化。

干洗使用的化学成分是易燃有毒的，其中一些化学成分已经被某些国家明令禁止。到 2023 年，加利福尼亚州会禁止干洗过程中添加其中一个主要的化学成分：全氯乙烯。那意味着干洗企业不得不想出另外的干洗方法，而新方法的成本可能很高，使得盈利变得更加困难。

即使这些化学成分是合法的，但由于它们被使用在干洗过程中，干洗公司的责任险也比其他行业要高。此外，干洗店的房东要为出租给干洗店的零售空间支付更高的保险费率，除非干洗店的店面只用于接收和提取衣物而在别处完成实际的清洗工作。如果政府对化学成分或干洗过程提出了更高的要求，那么业务开销将可能受到影响，而且房东也可能限制他们的部分工作。

企业价值评估

当人们考虑收购一家企业时，他们从企业价值评估开始。这是为潜在的买家或投资者对企业价值所做的合理评估。在向一家公司投资一百万美元之前，一位买家或投资者想要了解到他将会得到超过一百万美元的投资回报。

经验法则是该企业的价值是它月度净利润的三到五倍

月度净利润 ×（3 － 5）= 企业价值

如果该企业带来十万美元的月度利润

那么企业价值就在三十万到五十万美元之间

100,000 美元月度净利润 ×（3 － 5）= 300,000 美元－ 500,000 美元

这是通用的经验法则，但是要得到准确的估值，你需要一名会计或专家的帮助。你需要找到未记录的企业资产和企业负债。商标名、长期客户以及新产品都会增加企业的价值。同时，一些负债可能不会出现在财务报表上，因为它们会降低企业价值。未决诉讼、未记录的贷款凭证以及匿名股东都会有损企业的价值。

你的会计会帮助你对以往财务报表上的酌情费用和偶然项目做出适当的调整。

要正确评估一家企业的价值，确定该企业在未来可达到的经济效益非常重要。要把有形资产、客户基础、经营年限、品牌价值、专利战略以及以物易物的收入考虑在内。

大多数企业主会根据他们投入了多少资金来进行估值。因为他们为公司花了五十万美元，而且公司年度销售盈利五万美元，那么他们就能以一百万美元的价格出售公司，或者希望拿回他们投入的资金。

然而，常识告诉你一家企业只值它能够提供给别人的价值。当你在购买一家企业时，更能体现公司价值的是其是否能够销售人人都需要但是其他公司没有的产品，所以专利、版权以及其他知识产权都会增加巨大的附加价值——只要它们对世人有价值。

企业价值评估也应该考虑企业拥有的人才。如果你购买的公司拥有一支值得信赖的优秀团队，那么你的投资将更加安全。

这是价值评估的内容清单：

- **有价值的公司资产**：汽车、土地、办公家具、电脑、专利、技术、商标以及任何其他可以被出售的东西。

- **市场价值**：类似企业以什么样的价格出售？这就像对一个社区内的类似住宅的真实价值进行比较，以确定你想要出售的住宅的市场价值。

- **现金流**：比起年度销售额只有一百万美元的公司，一年盈利一千万美元的公司在交易中可以卖更高的价钱。当你在购买一家公司时，现金流也是你购买的一部分。

如你所见，以上是一个非常简单的企业价值评估总结。务必谨慎。你最好得到有关这些事宜的专业指导——额外的成本是值得的，它会给你的公司带来更高的保障。

例如，曾有人想购买一家自动提款机（ATM 机）公司，就此来征求我的建议。该公司有 2,000 个办公地点，运作状况非常良好。我警告他们不要购买这家公司。虽然它的利润不错，但你不得不从大局出发。借记卡越来越受欢迎，而且我感觉它们将很快占领市场。当人们可以用他们的借记卡购买同样的东西并不需要支付额外费用时，他们为什么还要花两美元从一个非会员银行的 ATM 机上取钱呢？ ATM 机只能做一件事：分配钱。我建议他们寻找一家能够提供不止一种服务的公司，以防止这项服务过时。

现在，在公司价值评估之外，我想分享一些更多的东西，它们是我从自己的经验中学到的在看待一家企业时需要考虑的因素：

- **公司的真正价值是什么？**

在买卖公司时，价值是至关重要的。你需要准确地估计公司在目前和未来的价值。

尽管有很多计算价值的方法，它们基本上都归结为你可以从你的投资中得到什么类型的回报。公司现在和未来能创造什么价值？

- **该公司的要价是多少？**

把他们的要价与市场上其他公司的价格相比较，考虑其合理价格。

- **该公司正在盈利吗？**

公司可能表面上看起来很忙碌，客户源源不断，但是其隐藏的开支却在啃食收入。仔细确认真正的利润幅度，而不是简单地根据它的表面现象就猜想公司经营得不错。

- **联邦税和州税是当期的且被完全缴清了吗？**

公司应该缴纳当期税金，这样你就不用处理这样的情况：美国国税局扣押了公司的银行账户以收取该公司过去应缴纳的税款。

- **公司有任何未获偿留置权或债务吗？**

核实是否有针对这家公司的任何判决或者留置权。如果公司拥有房地产，这就尤其重要，因为未获偿留置权可能会阻碍房地产的销售。

- **公司已经签署了哪些合同？**

这些是公司必须履行的具有法律约束力的条款。已向其他人履行了所有条款吗？查看合同中的欠款是否可用，或者是否已经被之前的所有者动用。

- **公司有任何过期的账户吗？**

你想要一家客户基础稳固的公司，不希望公司的客户倒闭无力向其支付账款。稳定的收入比波动的收入更好。检查公司是否在年末注销了所有坏账。如果是，金额是多少？

- **该公司有市场吗？**

想要购买该公司产品或服务的人越多，该公司就越强大。虽然人们会告诉你他们拥有一个不错的创意，然而公司的真正价值隐藏在人们对其产品或服务有多少需求。

- **该公司的市场份额是多少？**

这是用公司的销售额除以行业总销售额计算得来的。你能根据该数据了解这家公司和它的竞争者相比有多少优势。

- **它属于时尚业务吗?**

一直以来，新的东西来了又去、去了又来。如果你要投资，那么最好投资一家几十年后仍然强大的公司，这样你将能把公司作为遗产留给家人。时尚业务确实发展迅猛，但是一段时间后又逐渐衰落。它们包括某些减肥保健品、健身项目、减肥项目，等等。

- **公司是否拥有任何产品的独家版权或专利?**

当你是唯一一家销售一种大众必需品的公司时，比起和其他公司销售同样的东西，你将能够设置一个利润幅度更高的价格。一些公司仅因它的专利或版权都值得被人购买，即使它们的经营状况不是很好，因为你总是可以招聘一些更优秀的员工来销售一种竞争者没有的产品。

- **公司是否连同资产、机器、办公器材、版权或专利一起出售?**

投资一家公司后，你应该有权掌控它的资产，这样你才能引导公司走向正确的方向。你要确保自己已经了解清楚并写下书面合同说明这桩交易包括了哪些资产。

- **设备是最新的吗? 如果不是，更换设备需要多少钱?**

如果你能买到可以立即投入使用的办公室设备、用品和家具这就方便得多。查看这桩买卖包含了多少设备，这样你就能够计划购买经营这家公司所需的其他设备。然后把成本算入购买价格。

- **本地客户或游客足以维持公司运营吗?**

山姆·沃尔顿只把重心放在被主要零售商忽略的小镇上，从而建立了一家全世界最大的零售连锁商店。他的计划成功了，是因为他想到了如何满足人们的需求。无论你决定把重心放在小镇上还是大的人口中心，计算一下你是否能够吸引足够多的顾客以维持良好的运作。

- **它是季节性公司吗?**

季节性公司只在一年中的旺季营业。这些公司可能会在圣诞季销售圣诞树或者夏天在县集市上经营游乐园。这些公司从雇佣员工到之后的解雇会产生一定的费用，或者他们可能拥有喜欢灵活的季节性职位的长期员工。

- **最大百分比销售额来自你最大的客户吗?**

强大的公司建立在多个客户的基础上。这样，如果其中一个主要客户发生状况，该公司还能继续生存。在投资前，问一问自己，该公司如果失去了最大的客户是否还能继续运转。

- **普通客户已经和公司合作多久了?**

要了解客户对公司的服务水平和产品性能的满意程度。长期的合作关系表明该公司一定把某些事情做得很好。客户流动率高是一个危险信号，它警告你有些事情正在发生变化。

- **公司有多少员工?**

要清楚地了解现有的员工，这样你就能够在有需要时雇佣更多的人或在必须削减开支时解雇一部分员工。

- **员工享有什么福利?**

员工福利应该被计入工资费用以了解经营成本。如果员工感觉福利不足，你也可以考虑改善他们的福利。

- **员工在公司干了多久?**

优秀的老员工可以成为你的最佳资产之一，因为他们知道如何完成自己的工作。新员工可能需要额外的培训，你要在接手公司之前确保他们已经完成了培训。

- **如果公司正处于亏损或负债状态，你真的能扭转局面吗?**

仔细思考你的目的。购买一家已经拥有稳固的客户群并正从中盈利的企业远比购买一家具有严重问题的企业强得多。你理应用钱交换良好的价值。你要确保你正考虑购买的公司真的能为你的投资带来回报。

在购买一家公司之前，要尽量充分地学习以上内容，这是一个良好的开端。其宗旨是，买卖公司时要计划后再做决定。花时间研究所有可能会影响其成败的细节。记住，一家公司只值人们愿意支付的价格。在评估企业价值时，咨询一位企业价值评估师或注册会计师的意见，这永远是明智的做法。比起购买该公司的高额费用，如此小的花费就能够给这桩生意带来额外的保障，非常值得。

如果你仔细观察，你会发现很多的一夜暴富其实都是长时间积累的结果。

——史蒂夫·乔布斯

第33章

征服竞争激烈的餐饮业

多年以前，我购买了一家亚洲餐厅的股份，它由一对夫妻经营，同时也卖亚洲寿司和铁板烧。那里的食物不错，而且这对夫妇对餐厅投入了大量资金。但问题是，餐厅的装潢很简洁。餐厅的氛围既不有趣也不吸引人。从外表来看，它非常朴素，很安静。对于餐厅，可没人会喜欢这两点。

餐厅不像他们想象的那样取得成功，所以这对夫妇来向我寻求帮助。我投资了，作为交换，他们让我成为餐厅的部分所有者。

一开始我用油漆把整个餐厅重新刷了一遍，并购入了一些平板电视和现代且时尚的艺术品。我摆放了一些植物，让餐厅入口变得更有吸引力，同时在寿司吧台安装新的寿司柜，我甚至设计了一个不带寿司柜的特殊寿司吧台。

仅仅几个月，销售额就翻倍了，他们能够归还我的投资数额并买回全部的股权。看到他们那么成功我很高兴，而我又可以把全部注意力放到其他项目上去了。

这并不是我第一次利用常识来让餐厅经营好转，也不会是最后一次。在我所有的努力当中，得到餐厅的股权是我最喜欢的形式，因为它会激发我的创造力。可能性是无穷无尽的。

同样，竞争也是没完没了的。

即便如此，餐饮业虽然竞争很大，还是有很多策略能让业主赚钱。业主应该利用常识，首先聚焦于三个方面——食物、餐厅环境和员工。

食物

首先，我们要解答一个关于菜单的常识性问题。什么会吸引回头客？是奇异的设计、罕见的菜谱，还是美食？

美味的食物——赚钱的法宝

美食每次都会赢得顾客的芳心！汉堡、热狗、比萨、牛扒炖土豆、奶酪通心粉、炸鸡、薯条以及烤芝士三明治，这些都是美食的代表。几乎没有人不喜欢美食。在尝试新菜肴和自己肯定喜欢的菜肴之间进行选择，大多数人还是把美食作为自己的必选项。

但是仅仅把汉堡、热狗、比萨摆在菜单上是不足以让你赢取市场份额的，食物还要摆放得精致。把美味食物的优质照片放在菜单上。

这样做，然后加上一个小花样。还记得我的定制枪鱼吗？这里也是同样的道理。

让你的食物与众不同

尽管美食对大多数人都有吸引力，但顾客花钱来餐厅是想要一些他们不会带回家或者不能带回家的食物。如果你能在你的食物上加一些特别的小花样，对于用餐者就是两全其美：他们既能吃到满足食欲的食物，又因为你加一些小花样，觉得自己在尝试一些新奇的东西，这就让他们花钱在餐厅吃饭有所值。

我的餐厅最畅销的食物是千层玉米卷饼。人们都很喜欢玉米卷饼，它们通常又薄又短。我决定把它们叠起来，像煎薄饼一样。首先我把玉米粉圆饼放在平底锅上，撒上一层绿色的辣巧克力酱，然后加上一些去皮鸡肉。接着淋一层酸奶油，盖上一层沾了绿色辣巧克力酱的意大利面，最后一层加上三块芝士。

接着，我又继续重复。

玉米卷饼叠到了 4 层高，最后在它上面加上酸奶油、芝士、橄榄叶以及辣椒。

你是不是都垂涎三尺了呢？

我当然也把一张千层玉米卷的照片放到菜单上。我的顾客爱死它了，然而我所做的只不过是往他们早就喜欢的食物里加一点小花样而已。

在我的寿司店，我推出了一个油炸鳄梨卷。首先我把一个鳄梨切半去籽，然后削皮，填充辣蟹肉，把它们卷进冷却的天麸罗面糊里，接着放进油炸锅，把成品切成6份，淋上鳗鱼酱和芝麻，然后就可以上菜了。这道菜是2008年的夏天我在亚利桑那餐厅发明的，我叫它 Fatty LO。

如果你从事的是餐饮生意的话，发散思维看看你能有什么想法。当然，作为你的部分功课，你要收看饮食节目，看看专业大厨在做什么。

要记住顾客数量才是王道

从你的厨师到你邻居的表妹的丈夫，人人都想要给你建议，丰富你的菜单。

这些建议有些是出自专家之手。事实上，很少餐厅业主会完全依靠他们的大厨来制定菜单，因为尽管他们对食物很了解，但同时他们心里也有一张理想的菜单——他们把自己的最爱都列到一张具有异国情调的复杂菜单里了。

但是，事实是大厨的偏爱也仅仅是——个人偏爱而已。这些菜单很可能是由这些大厨们自己喜欢吃的食物或者他们自己喜欢创作的食物组成的。

然而，二十位厨师就会有二十种偏好。除非他们偏爱的食物能够吸引大多数客人，否则，一个也不应该被列入你的菜单。

不是厨师告诉你煮什么，而是你告诉他们煮什么。你的厨师可能喜欢他爸妈的烹饪方法，或者是二十年前别人教他的烹饪方法。不要让你的厨师打理一切，你要看看市场上的趋势。想一下怎样能增加顾客数量，然后告诉厨师你的想法是什么。

记住这一点：你的厨师想要创作艺术，而你想要利润，两个目标都是可以实现的，但是你才是看到大局的那个人，让餐厅营业下去靠的是顾客，因此你的菜单需要吸引最大的那群潜在顾客，这样他们才会不断光顾。

但这样做可能会冒犯你的厨师，他可能会觉得你想做的美食过于简单，或者缺少他的艺术特色。冒犯就冒犯吧，常识告诉你，你应该吸引大多数客人，在你的菜单上加上几个奇特的菜品就行了。

你的厨师并不是唯一一个想要给你的菜单提建议的人。听听这些意见，听着听着，你可能就会想到一些好主意。

但是归根到底你要记住，唯一真正重要的意见是你客户的意见。

每一道菜都要超越当地竞争对手做的菜

你有没有试过在一家装潢华丽且侍应亲切又细心，但食物糟糕透顶的餐厅吃过饭呢？我敢肯定你试过，我也肯定你再也不会光顾了。

最终，顾客会忽视过时的氛围。甚至即使餐厅服务很慢或者很随便，他们可能也会容忍。但是不管怎样，餐厅的食物必须够好。如果你的顾客自己煮的食物都比你卖的还要好，那你的餐厅就有麻烦了。

美味的食物是你最好的广告，所以你要投入时间金钱来做一张菜单，一张能够取悦顾客味蕾的菜单。这就意味着，你要聘请一位好厨师，不断尝试，向你的顾客询问反馈意见，并且寻找让食物更美味的方法。在餐厅正式营业之前，花时间来品尝每一道菜。如果这些菜不能给你留下印象就换了它。不断地加工，直到它的味道好到让你吃完还余味无穷。

要切记，食物不好吃就卖不出。

为顾客提供在家不能烹饪的食物

如果你经过杂货店的过道，你会发现各种各样且容易准备的食材。在墨西哥菜的区域，你会发现做玉米卷、玉米卷饼还有墨西哥牛肉卷的原料；在意大利菜的区域则有意大利酱料、意大利面、大蒜面包；还有很多区域专门卖美国人的最爱如牛扒、汉堡包、热狗、三明治以及薯条等等。

杂货店提供了很多在家做晚饭的食材。所以当他们出去吃饭时，他们想要享受一顿他们在家里无法为自己烹饪的食物。

这就是我专门做寿司店的原因。注意过大多数人都有他们最喜爱的寿司店吗？因为很少人知道怎么做寿司，所以他们会找到一家不错的寿司店并经常光顾。甚至当我开了寿司店以外的餐厅时，我也会创造一份这样的菜单，上面列出精致且美味的选项，这是大多数只会基本烹饪方法的人无法做出来的。

鳗鱼卷寿司

食物的摆盘很重要

餐盘就是一块空白的帆布，你要在上面展示你的食物，尽你所能保证食物卖相诱人。虽然大多数餐厅使用圆盘子，我发现用正方形盘子和长板盘也是摆盘的好办法。

我也通过装一大盘菜来使菜肴看起来更加诱人。还记得我的千层玉米卷饼吗？当周围的顾客注意到满满一盘食物被端进餐厅，送到一桌顾客的桌上时，他们问了各种问题，然后下次又会回到我的餐厅来试吃一下那些玉米卷饼。

人们首先通过双眼决定吃什么……

龙火凤，干净新鲜

智利海鲈展示，太完美了

寿司艺术品

白鱼的装盘，色味俱全

加州寿司卷展示，托利的风格

寿司盘设计

鸡肉蔬菜展示，亚洲风格

西瓜开胃菜，打破常规思维

虾排的精细工艺

新的寿司展示方法

他们再次光顾因为味道好极了！

完美的金枪鱼沙拉

黄鳍金枪鱼沙拉艺术品

沙拉艺术品展示

日本毛豆，托利的风格

展示寿司的新方法

1.5 磅的玉米卷饼，两端是牛肉和鸡肉，中间是猪肉

肉糕塔，托利的风格

华夫饼塔，舒适风格

托利的邀请：墨西哥玉米饼

限制准备食物的时间

你最成功的情况可能是，你的餐厅坐满了客人，而等待点餐的队伍甚至排到门外，顾客们非常渴望吃到你的食物。

但是来就餐的顾客越多，你的厨房就会越忙。菜烹饪得越快，你的成本就越低，利润就会变得越高。你不仅花了更少的劳动成本来做一道菜，还可以更快地清理你的餐桌给下一波客人用餐。

也许更重要是，食物准备得越快，顾客就会越开心。

由于顾客流动率和顾客的满意度对于我的利润是如此的重要，我的寿司吧台上面没有哪道菜的制备过程会超过 12 分钟。这也是我建议不要把菜单上的菜做的太精致或太复杂的另一个原因：因为他们会拖慢员工的工作效率，使你的利润流失。

走正道而非捷径

进入餐饮行业的最佳方法是依靠低廉的经营成本、新颖的创意、美味的菜式、独特的营销、友好的氛围、绝妙的设计以及优秀的老板。然而，餐饮业实在耗费时间，会把人累垮。如果你在餐饮业待得够久，最终你会顶不住诱惑想要磨洋工走捷径。与其自制新鲜蓝莓松饼、萨拉通心粉、土豆泥和各种甜品，你会忍不住从大型餐饮供应商那里直接购买成品。

假如餐厅供应商制作的菜肴比其他人更好的话，那这就并不是一个糟糕选择。但是，如果你们的菜吃起来就像速成食品的话，顾客会注意到的。

以鳄梨沙拉酱为例，在一流的墨西哥餐厅里，经验丰富的厨师每天都采用新鲜的材料制作这些酱料——顾客注意到了。如果你的食物比顾客自己做的菜肴或者从杂货店买回来的食物更美味，那么他们还会回头光顾。

因此，行事要以正道，即便这样很困难。

餐厅环境

我们都在又小又脏的餐厅尝到过很合口味的饭菜，想象一下，假如这些餐厅改造一下它们的环境，他们能赚多少钱啊！

装修能够把一个家庭经营的小商店变成一家全国连锁企业，装修给餐厅带来的差异体现在是否能吸引顾客主动进去就餐。

馅饼理论

氛围首先与地段有关。把你的餐厅想象成馅饼的中心，你要做的是把顾客从周围的每一个社区吸引过来，这就是拓展餐厅业务的方法。

当你开始寻找开餐厅的位置，先全方位环顾餐厅四周的环境。你是不是有那运气把四面八方的人都吸引过来？

当然，这个规则也有例外。把餐厅开在海滨沙滩，这个范围将缩小一半，因为鱼和海豚当然不会常常光顾你的餐厅，但是如果这个沙滩上有码头和海滨木板路则会十分热闹，从而吸引大量人群。

而且也要看一下你餐厅周围的竞争环境，越少餐厅和你供应一样的菜肴就越好。

刷新你餐厅的墙壁

在新寿司店开业之前，我以充满创意、吸人眼球的设计装饰了墙壁和天花板，我的水墙和壁画可以让顾客放松。混合了亚洲和美洲主题，配以柔和的色调，我为餐厅营造一种家庭般的氛围。

有无数种方法可以让你的墙壁充满生气——你可以增加创意艺术品、混合材料，如不锈钢和混凝土，如照明概念，或者定制雕刻。不管怎样，提升装潢水平可以给顾客带来的就餐体验增加附加价值，使他们愿意再次光顾。

把室外的引进来，把室内的搬出去

天气暖和的时候，考虑一下在餐厅室内区域和室外区域之间创造一个自由走动的空间。通常，这样你需要在餐厅前面建一个露天座椅区域。即便是在寒冷的天气里，如果有取暖器的话顾客也愿意坐到外面。

意大利餐厅前部

寿司餐厅的墙后部

设计完成的后部

屋顶外观

安装屋顶板

屋顶装好

我的创意标志设计

封面广告中的寿司设计

封面广告成品

完成从意大利餐厅到寿司餐厅的转变开业日

上窗帘前

切断木头并着色后

创意餐厅门

意大利餐厅前部

寿司吧后部

设置露天座位是吸引顾客的一个好想法。顾客就餐时喜欢观看路人，而经过的路人看到顾客们轻松愉快地坐在你的露台上享受时光，也会被你的餐厅吸引。

要创造更多的露天空间，可以考虑把餐厅的墙壁往内移几米或者把窗户改成门。很多种窗户和内置滑动门可以为你餐厅前方腾出大量空间。去家得宝或者劳氏逛一下，或者和承包商交流以取得更多信息。利用折叠门来打开餐厅让顾客在外面放松是一种经济的方法。早晨餐厅开门的时候，这些折叠门会向内折叠起来，从而敞开空间；晚上打烊的时候，折叠门又伸展开来把餐厅锁起来。

利用“开放概念平面图”理念，在餐厅内外都摆放桌椅，目的是让顾客感觉到餐厅内外的氛围一致。你越能促进顾客之间进行互动，他们就会待得越久，而且会很快再次光顾。

如果你所在的地点不允许你在室外摆放桌椅，那么做你力所能及的事情，让每一个顾客有一种团体归属感。

布局时活用经济学原理

经济学是关于提高工作环境的工作效率的研究。提高工作效率其中的一个方法是通过合理的布局布置你的餐厅，你可以在提高效率的同时预防事故的发生。

想象一下把一道做好的主菜从厨房端到顾客桌上的过程：女服务员从厨房拿起这道菜，放到手臂上的另外四个盘子中间，走出厨房，穿过用餐大厅，眼前是各种障碍，她尽力不让自己被绊到，最后到达顾客的桌前并把菜放下。

怎样重新安排布局，才能缩小顾客和食物之间的距离呢？这里有两种方法。

- 我喜欢在厨房和餐饮区之间安装一扇窗户，服务员只要把手伸进窗户就可以拿到盘子，而不用再次返回厨房。
- 观察一下你的厨房并留意员工的行动，厨师们可以轻松地拿到食材吗，还是不得不在在柜橱和烹饪区域里翻箱倒柜地寻找烹饪原料？把烹饪食物放到靠近烹饪区域的位置可以加快制备食物的速度，也会让顾客保持愉悦的心情。

人体工程学也可以被应用到餐饮区的整体布局上。多数的餐厅都是建成长方形，这导致顾客吃饭时对着一堵墙。想办法让顾客看到其他东西而不是一堵墙吧，例如，假设你的餐厅是一家寿司店，让你的寿司吧台像一座小岛一样远离墙壁，这样周围的顾客都可以看到寿司吧台。而且，可能的话把你的寿司吧台定制成马蹄铁的形状，顾客就可以看到吧台对面的顾客，从而感觉与周围的联系更加紧密。

每天都彻底清理餐厅

对于餐厅来说，最好的装饰就是干净的环境。唯一让你的餐厅看起来一尘不染方法就是每天都从头到尾打扫一次。请一家口碑良好的清洁公司在每天晚上餐厅打烊后进行打扫。记住：当你可以把自己的连锁餐厅卖到几百万美元时，你就不会介意雇请这些清洁公司的昂贵费用了。

员工

说到员工，记住最重要的一点是员工的士气：所有的员工都应该说积极的话，怀着积极的态度。开朗的服务员腰板更直挺，步伐更坚定，服务更周到，而他们的小费自然也就更多。消极的员工则会得罪顾客。

万万不可让员工带着消极能量到积极的工作环境里。无论在哪个团队，一个消极的成员都会影响整个团队的积极士气。

因此要留意你团队的士气和团队的工作水平，同时记住你的职责是保持员工士气高涨。这不仅仅需要一次闲聊或一场人生指导课，还需要各种积极的鼓励，如金钱、奖励、奖项等。

让你的员工保持快乐的状态，他们自然会让顾客成为回头客。

教会员工推销菜品

在许多餐厅，女老板会带你入座并交给你一张菜单，服务员接着就过来记下你点的菜。顾客和服务员的互动少之又少。如果你有什么需求，就招手示意服务员来到桌边，在其他情况下，服务员都会退到一个不显眼的地方。

教导你的员工，让他们知道自己不仅仅是服务员，也是推销员。好的服务员和酒保都会懂得如何销售菜品。他们会向顾客聊当天的特色菜，推荐开胃菜，回答各种问题并让顾客相信他们确实需要额外点一块馅饼。这些服务员知道，如果他们告诉顾客吞拿鱼开胃菜闻名天下的话，顾客很可能会决定在菜单上再多加一份那样的开胃菜。

大多数顾客在尝试新菜品或者额外点菜的时候需要更多的动力。服务员让顾客对自己做出的决定越满意，顾客就会越享受这些额外的开胃菜或甜点。

我喜欢鼓励我的员工试吃每一道菜，因为这样当他们在告诉顾客这些东西尝起来多好吃的时候才会更加自信。服务员越出色，餐厅销售额就越高！

人们喜欢光顾熟人开的的餐厅。他们喜欢与人保持联系并及时获悉最新的进展。因此，如果你经营一家餐厅，就要和顾客互动——向顾客介绍自己并和他们闲聊，给他们看看不同菜肴的样品并告诉他们你们厨房创造的最新菜品。作为老板，我当然也会通过与顾客交流并为他们提供不同的菜肴样品进行推销。

我的短牛排，使用韩国酱料配方

我的餐厅始终使用新鲜原料

注意洒出来的酒

经营酒吧的经历让我了解到大多数酒保在倒酒的时候大概会洒出百分之五的酒。虽然这个数字听起来可能不大，但是想一下它长期积累下来有多少。这里一点，那里一些，就会造成几千美元的损失了。

教会酒保正确的倒酒方式，并让他们知道你对正确倒酒是多么严肃，那你就可以省下这笔钱。我曾经雇人在每晚结束营业的时候帮我测量我的酒瓶。这样，我就发现其中一名员工通过把酒送给他的朋友来偷酒。安装摄像头后，通过监控我们发现他每晚弄丢的酒会让我们损失 300 美元。解雇了他之后，我们的现金流状况很快得到了改善。

全天且每天都要到餐厅

有老板监督的情况下，员工的工作效率更高。当你出现在餐厅，顾客会得到最好的服务，食物的味道会更好，餐厅会更整洁。当你不在餐厅，一切都会渐渐不太如意，直到凌乱变为餐厅的常态。简单而言就是，你的员工只要一有机会就会松懈下来。

餐厅里没有谁会像你一样那么在乎卓越的品质。这就是为什么在经营餐厅的头两年，你必须每天花 14 个小时待在餐厅的原因。监督你的餐厅能够保护你的投资，你对自己的钱比其他任何人都要更加谨慎。

等到餐厅盈利之后，你可以在餐厅少花点时间，但是要记住，当你在场监督时，事情才会达到最好的效果。

每个合作伙伴都需要出力

大多数餐厅都是几名合作伙伴合资建立的。我的建议是无论合伙人是谁，只要出资了就还得要出力。他们花在餐厅的时间越多，他们就可以做出越好的决策，因为他们了解餐厅发生的事情以及每天需要些什么。花过多时间待在餐厅以外的地方会分散他们的注意力，他们就会开始质疑为什么你会想花钱改造或扩建餐厅。

你要确保你的合作伙伴知道他们必须去餐厅帮忙。每家餐厅都有意想不到的用餐高峰期，客户多到你根本招呼不过来。这个时候，每个合伙人都需要卷起袖子出力帮忙。

最后的几个细节

首先要争取本地顾客，把游客放在第二位

一名旅客几年才来一次你的城市，而当地居民每天都生活在这里。正因为如此，你要集中力量吸引本地人，因为他们决定了哪家餐厅会取得成功。

这一点，社交媒体能帮很大的忙。为餐厅拍一些高清的图片放在脸书（facebook），instagram 或者其他社交媒体网站上，同时也要保证菜单的印刷质量。如果菜单上有一些造型精致的菜肴，顾客会再次光顾。毕竟，他们不可能一次性点遍所有的菜肴！

初次开张，要取得五星好评

你的服务和菜肴必须足以让顾客满意到对你赞不绝口。顾客的优质评论可以吸引其他顾客来你的餐厅，这样你销售额就会提升，你也可以更快地达到盈亏平衡点。

问候顾客

你最近一次外出就餐时，餐厅经理有没有来到你的桌子前做自我介绍呢？这是一名优秀经理的标志。他们知道人们去餐厅吃饭，想要的远远不止是食物。顾客希望和其他人交流，建立关系，如果他们觉得受到尊敬和欢迎就会再次光顾。

问候虽然很简单，但它却让顾客觉得自己受到关注，这是一个可以让顾客开心的好方法。

最后，用心经营

如果你的餐厅，顾客排队排到了门外，你就成功了。但是不要过于安逸，因为餐饮业的竞争实在激烈。一位顾客可能写下差评并损毁你的声誉，你的员工也可能偷你的东西，导致利润减少。

时刻问自己哪方面可以做得更好，并让你的顾客和员工看到你很用心。如果队伍排到门外了，你能否拓宽餐厅空间，让顾客早点坐下呢？假如你只有 20 个座位，他们得站着等待多久呢？为何不增加一些桌子？珍惜顾客的时间，这样他们也会重视你的餐厅。

要记住你的目标是发展壮大。常识告诉我们赚钱是一件美好的事情。钱赚得越多越好，餐厅的销量越高，餐厅分店就越多，最终它会成为一家全国连锁店。自然而然就有人主动前来探访，希望买下你全部的餐厅。

机会并没有消失，而是在不断增加，我们对于美国拥有的潜力也只是知道一些皮毛而已。

——约翰·戴维森·洛克菲勒

第 34 章

三位艺术家的故事

全世界无数的艺术家都生活得很滋润，有些人甚至是百万富翁，但还是存在“饥饿的艺术家”这种陈旧观念。令人悲伤的事实是，全世界如此多拥有惊人天赋的艺术家几乎很难成功。如果你是这些艺术家中的一员，又或者你的独门绝活是艺术，那么我想告诉你几个关于灵感的故事。

第一个是我自己的故事。我一直想要一个功能齐全但更加好看的梳妆台，我想要的是一件艺术品。

我设计的梳妆台是这样的：它们看起来就像是一件件行李层层堆叠在一起。其制作方法和柜橱的制作方法一样，使用同样的材料、工具和机器。我拿来几块木板，在木板背后加上铰链并在前面加上把手，给它们上漆，让它们看起来像手提箱或堆叠在一起的扁平行李箱。

这些化妆台十分好看，要大批卖出简直是小菜一碟。经过对化妆台进一步完善，我扩大了生产这个化妆台和其他富有创意的家具的生产线，我把这条生产线的家具称为“行李家具”，当然，它就是行李和家具的结合体。

行李家具产品宣传册

闲坐在模型上，这些是未完成的行李家具

准备给行李家具喷漆

创意人体模型和乔治

行李箱本来的样子

五层圆形抽屉帽箱

奥运会冠军作品

为了推销，我为二十个不同的模型拍摄了专业照片，这些照片后来被用在网站和宣传手册里面。我还预约了几个艺术展，用那二十个不同的展览模型搭建我的展台以吸引路过的人的注意力。我把这门生意定义为艺术，而不仅是趣味家具。把你的产品作为艺术品来营销会带给你更多的自由，让你变得有创意，并带来更多利润。

我很快就卖掉了这些家具，因为他们时尚且实用。我认为只要采用流行的设计，使用最好的工具，任何一个艺术家都做得到。

即便如此，要想赚钱，只是创造艺术品还不够，你还必须创造人们想买的东西。上世纪七十到九十年代，带有美国西南部特色的艺术品十分畅销。后来潮流改变了，人们想买照片，3D 艺术品，还有稀奇古怪的作品。最后，艺术复制品到处泛滥。如今，顾客想要有趣且独特的专业艺术品。

电脑桌的最初构想

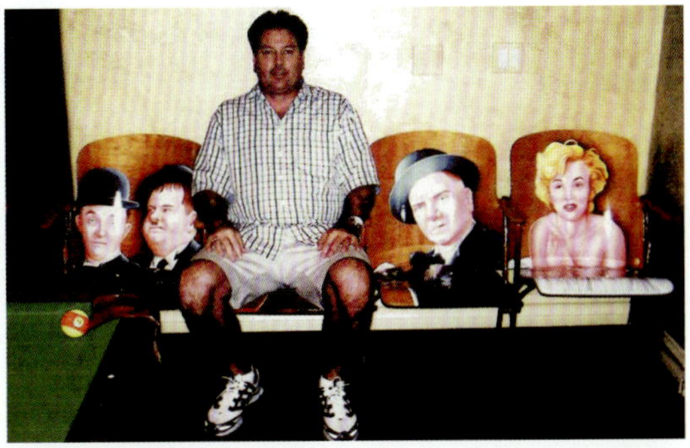

我舒适地坐在我的作品上

1942 年的古董剧院椅，我把它们设计成艺术椅

如果艺术家想要一直走在行业的前端，就必须紧跟这些潮流。彼得·里克就是一个这样的艺术家，他想出了如何通过他的挚爱——摄影来赚取百万财富。他是个带给人惊喜的摄影师，还是一个营销大师，他想出了让自己在全世界杰出的摄影师中脱颖而出的方法，即“打破常规”。里克因在全景大尺寸照片中使用鲜明的色彩而出名。

另一位成功的艺术家是弗拉基米尔·库什。他在俄罗斯长大，上过艺术学校，在俄国军队服过兵役。军役结束之后他靠在街头为人画像养家糊口。即使生活很艰苦，他依然专注于发展并推销他的绘画技术以及提高他的技巧。1993年，一位法国商人注意到了库什的作品。这个商人在香港安排了一场画展。从那之后，库什的画作不断地被卖到世界各地。他的原创画作的销售价格超过了10万美元。

现在，库什在世界各地拥有几个画廊。他通过打破常规找到获取成功的方法。他非常注重细节，每一件作品都充满趣味，因此在所有艺术作品中脱颖而出。他的每一幅画都讲述了一个精彩的故事。我就在办公室放了一些他的画作，吸引了很多人的注意。

艺术世界给每一位艺术家讲述自己故事的机会，我相信库什之所以能成功是因为他叙述故事的手法与众不同。

我之所以特地举出这两位艺术家以及我自己在艺术作品上的创作经历，是因为艺术家容易变得悲观，觉得自己永远发不了财。事实不是这样的。你只需要运用“常识”并想办法让自己在拥有相同才能的人中脱颖而出就可以了。你必须做到在枪鱼上画火焰，向细缝里看，并供应别人供应不了的东西。

我在中国广州广交会

第七部分

在国外经商

如果你真的相信自己，相信你的梦想，你就必须做任何力所能及的事情来掌控你的人生，把你的愿望变成现实。没有哪个伟大的成就是靠运气获得的。

——霍华德·舒尔茨

第 35 章

在美国经商：给外国商人的营销指南

在我从商生涯中，我和来自世界各国的人合作过，他们来美国是为了追求自己的创业梦想。其中一些人很成功。一些人却遇到了极大的困难，在商海苦苦挣扎着。

我注意到一个现象，很多痛苦的商人并没有提前花时间来研究如何运营一家公司，就贸然做起生意。另外一些人则是无法理解美国企业和其他国家的企业在运营方法上的文化差异。然而无论你想在哪门生意上获得成功，你必须明白虽然有些东西在某一个国家管用，但不一定在其他国家也管用。由于巨大的文化差异，在一个地方能吸引顾客的因素，在另一个地方很可能会冒犯当地人。因此，外企必须学会保持对文化的敏感度。如果你想在美国获得成功，你就要十分了解这个国家，从而懂得如何正确营销你的生意，并使一切正常运作。

让我分享一下我认识的人的一些例子吧。

几年前，一群中国商人来找我咨询意见。他们想买一个购物商场，并最终找到了一间在售的旧商场。

很不幸，在附近大约两条街远的地方就有一个新的购物商场，那里的建筑看起来崭新又美观。

这些中国商人来向我咨询的时候，我告诉他们我对此十分担忧，因为我知道美国人喜欢在外观时尚的地方购物，我尝试劝说他们找其他的投资项目。

然而，他们压力很大，必须加快发展步伐，所以他们决定买下这个商场。六个月后，他们买的那个旧购物广场仍有很多铺位空缺。我的那些中国朋友苦苦地寻找租户。他们想可能是因为在街道另一端的那家新商场内有一家电影院，于是他们花了超过几百万美元升级他们的商场，新建了一家电影院。

尽管他们很努力并且想尽办法让这个商场运转下去，到最后他们还是亏本卖出了这家商场。到了那个节骨眼，放弃是最佳的决策。他们必须停止损失了，因为如果他们没有卖掉那个商场，他们会损失更多的钱。至少他们还能拿回一些东西，而不是血本无归。

这些中国商人并不了解美国文化。他们不知道，美国人偏爱新东西。这让他们吃了好几百万美元的亏。

还有一次，有一班人来美国想买一个苹果农场。这些人以前没搞过苹果生意，对该行业非常不熟悉。那个苹果农场似乎是一个好买卖，因为它配置了一个加工打包厂。此外，他们还认识一位女士，她提出帮他们运营该农场，于是他们就买下这个农场还雇请了那位小姐。

不幸的是，那位小姐在管理苹果农场方面也是个新手。她没有为他们赚到一分钱。她买了他们不需要的装备，还把她自己农场的农产品运到这里的加工厂免费加工。终于，在她犯了一个又一个错误之后，他们解雇了她。这位女士反过来控告他们毁约。这些商人聘请了一位律师，并试图在法庭上为自己辩护，但他们一点都不了解美国的法律体系。结果，他们赔了一大笔钱给那位女士，并亏本出售了这个农场。

我之所以分享这些故事，是希望这些故事能让大家明白，在做一桩生意之前对它进行调查十分重要。无论你来自哪里，如果你打算在美国做生意，想要成功就必须用美国的方法。每个国家都有自己做生意的方法，尽管它们在你看来不是正确的方法，然而生意就是要这样做。

要想在美国取得成功，你就需要像美国人那样思考。我们来看看一些具体的例子，看看应该如好何用美国的方式来经营你的公司。

为客户提供他们想要的东西

比起根据自己的喜好销售商品，销售顾客愿意购买的商品更加有利可图。你取得成功的能力取决于你取悦顾客的能力。

以餐厅为例。我的寿司店一年赚几百万美元，而我们的竞争对手却走向破产，我甚至买入经营不善的餐厅，改善其经营，直到它重新获得高收益，再把他们卖回给原来的业主。为什么我可以做到这样？因为我用顾客喜欢的方式来对待他们。一开始我更换了菜单上的甜点。我们都知道寿司店供应绿茶冰淇淋作为甜点。有些人确实喜欢这道甜点，因为它很独特，很特别。但是在周五晚上，你会带你的约会对象去吃绿茶冰淇淋吗？当你考虑用什么食物奖励你的孩子，你会选择香草冰淇淋、巧克力冰淇淋还是绿茶冰淇淋？

我经营餐厅的经验表明，头一两次，顾客会喜欢尝试绿茶冰淇淋，但是之后他们就想要其他东西了。所以我设计了高级甜点，顾客很喜欢。很快我们就有了一些顾客定期过来，只是为了吃甜点和喝咖啡。每晚，我们的收益都在上涨，而我仅仅是提供了顾客想吃的甜点。

想一下地道的中国菜和美式的中国菜，为什么它们会完全不一样呢？原因是不同文化背景的人有不同的饮食偏好。比萨店在中国之所以做得不好和传统的中国菜在美国卖得不好是同样的原因。在中国，他们只使用少量的副产品。相反，他们提供最新鲜的原料。这是几个世纪以来他们一直使用的方式。他们使用新鲜的鱼、猪肉、鸡肉、牛肉、鸭肉，以及其他新鲜的蛋白食物来制备每一餐。如果去市场买鸡，他们会挑一只活鸡，然后把它剥皮并在几分钟内就可以下锅了。几乎一切都是如此。

在美国我们不这样做。

不同文化背景的人有着不同的喜好，而你应该提供给他们想要的东西。

要勇于接受新事物

美国人用自己的方式看待事物并试图把它们变得更好。我们欢迎新技术，不惜牺牲一切代价找到更好的方法。同时，周游世界后我发现，其他一些文化并不善于“改变”，他们墨守成规。我见过一些家族世世代代住在同一间没有自来水、电和室内管道的屋子里，一住就是几百年。食物都是蒸熟的，从未烘焙或煎炸。当我想帮他们改变时，他们却感到很吃惊。我开了一间工厂并雇佣了一些工人，他们对一件以前从没见过的东西饶有兴趣：现代马桶，以及工厂水槽中的自来水。我很高兴为他们展示很多新的便利设施。作为回报，他们教会了我很多传统的方式。他们通过这些传统的方式竟能勉强生活下来，而且他们从来没有太多的抱怨，这让我很叹服。他们拥有一心一意做事的精神状态，在美国我们可不是这样做事，我很高兴看到他们的新鲜视角。

要时刻准备接受新事物，勇于创新。人们总是用同样的方式做一样事情，并不意味着这种方式就适合你。很多伟大的发明都是在使用不同的方法时诞生的。接受新想法，虚心受教，不断创新，直到你找到满意的方式。

中国人擅长接受新事物。似乎在中国的任何一个大城市都有麦当劳、星巴克、必胜客或肯德基。除了快餐厅及休闲餐厅，他们还开设了五星级酒店。我去过6家餐饮连锁店，每一家都做的不错。我的观点是：如果他们不敞开胸怀尝试新事物，他们是做不到的。

投资你的爱好

做大买卖有很多种方法，“玩”就是其中最好的一种。美国人重视个人的爱好，我们打高尔夫球，收集汽车并在展会上炫耀一下，骑哈雷摩托车，去看棒球和橄榄球比赛，在沙滩上烧烤。对我们来说，享受生活就和履行责任一样重要，而且这些社会活动确实也是有回报的。许多大单生意就是在高尔夫球场上达成的。事实上，聪明的保险经纪人打高尔夫球就是为了遇见潜在的客户。房地产经纪人会在健身房找到客户，他们的客户正在旁边的椭圆机上健身。我也在一场体育比赛上结识了我梦寐以求的客户，他们就坐在我的旁边。

我们在开心玩耍的同时，也遇到了新的朋友。在你和对的人建立起关系之前，你永远都不会知道你能做什么生意。如果你不走出家门享受生活，你就不会遇见那些人。生长在某些文化背景中的人不会明白这一点，这些人不会像美国人那样通过社交活动推销生意。他们长时间工作，然后回家睡觉，接着第二天又会去工作漫长的一天。虽然我们敬佩他们强大的职业精神，但很不幸的是那种方法在美国是不会成功的。

通过社交活动，你得到了客户以及人脉。我到处出差去洽谈生意，当我到达一个新的城市，我会去餐厅、音乐会、健身房、贸易展览会、体育比赛和沙滩结识他人。我会去驾船或骑哈雷摩托车。我同朋友一起出去闲逛并销售我的产品。无论如何，我总是面带笑容，并对别人要说的话感兴趣。我尽可能地倾听和理解，我从来不缺乏问题。如果我对烘焙产品有疑问，我会请教烘焙师，如果我对保时捷有疑问，我会去找保时捷的机修工。如我所说，生意是通过社交活动达成的！

给别人一次机会

美国人总是假定人人都是有诚信的人。我们相信，只要有机会，人人都会做好这件事情。所以我们让他们去尝试并相信他们的真诚，除非他们给出让我们无法信任他们的理由。我们不会监视他们的一举一动，不会期盼他们失败。其他文化则相反。我和一些家庭合作过，他们会派一个人密切监控其他的员工，因为他们觉得没人是值得信任的。那些企业经营得很艰难。由于人们失去了尝试的动力，所以降低了工作效率。其实事情本不必发展至此，积极地奖励员工可以让企业走得更远。

尽管信任他人听起来很困难，但你要学会信任。给别人机会，那么你也会有更多的机会，而且你的经验会教你如何分辨谁才是合适的人选。

如果你打算去其他国家做生意，明智的做法是找到一个值得信赖的人来代表你以避免你自己出现更多的失误。当我出差到中国时，我会雇佣翻译来帮助我打理生意。如果我全靠自己去拜访所有的工厂，那么我无法走得很远。谁能理解我说什么呢？相反，我依靠翻译。这需要很大的信任，但你必须开启这份信任。和四位翻译合作过后，我最终找到了一位对我本人以及我经营的生意都有良好理解的一位翻译。她熟悉所有的发货和收货规则，倘若没有她的帮助，我不可能在中国做成这么多桩生意。换言之，你总是需要别人来帮助你取得成功。心怀仁义，给别人一次机会，相信他们会尽力而为。

要打败一个永不放弃的人相当困难。

——巴比·鲁斯

第 36 章

中国人身上值得学习之处

我在中国有一家工厂，所以我会频繁地去中国出差。事实上我往来中国已有 14 年时间了，这期间我拜访过 2,000 多家中国工厂，其中很多工厂生产的产品质量极高，而一些工厂的产品质量并不太理想。品质的良莠取决于工厂本身，这就是我亲自去拜访这些工厂的原因。

去中国出差的时候，我会带上一名司机和一名口译员，拜访所在城市的众多工厂，与此同时我也见证了中国经济的发展。我通常会步行数里去参观这些遍布中国各地的工厂，即便是小村庄里面也有一些大型工厂。

中国正在飞速地发展。在全国范围内，一栋栋崭新的大楼如雨后春笋般立在街道的两旁。即使在小城镇，也可以看到新建的街道、购物商场、柜橱专卖店、裁缝店、不锈钢店、打印店，以及餐厅。当一个拥有 3,000 套家庭住宅、餐馆和商店的新型综合小区建成后，很快就住满了本地居民。

白天，一栋栋大楼是令人震撼的景象。但是到了夜晚，它们就变成一场灯光秀，来验证谁的灯光师才是最优秀的。即便是拉斯维加斯也没有类似中国这样显示在高层建筑上的灯光秀。

你可以看出，我喜爱中国。每去一次，我都会了解更多有关这个国家的知识，并进一步了解这个国家的商业和生活。

不论你想去中国旅游还是做生意，中国人有很多东西值得美国人学习，我们可以从所有中国人身上学到以下四点。

他们以完成工作为重心

我从未在公路上见过暴怒的行为，司机们不会对彼此感到不满，下车打一架，或拿出一把枪对准另一个司机的脑袋。

人们只是尝试从一个地方尽量安全平稳地到达另一个地方。他们不会受情绪影响，而是专注于手头的工作。

他们总会出现，风雨无阻

过去几十年，大多数中国人还很贫穷，正因如此，他们在运输方法上很有创意。我曾见过并驾驶过一些世界上最具创意的工作车辆，包括一个带把手的推车，看起来就像一个仓库手推车一样，但它安装了发动机，时速可以达到每小时 40 千米左右。我驾驶过其中一辆，它留给我的印象如此深刻，我从生产商那里买来一辆并运送到美国的工厂，我迫不及待地想要把它展示给我所有的美国朋友！

在广州的服装批发市场，你随处可见有人开着小货车、摩托车或者四轮手推车运送着大包小包的衣服。

如果没有交通工具，中国人就会把这些衣服扛在背上。在中国的各个城市，无论年龄大小，无论晴天雨天，中国人都会把工作完成。他们不会让任何事情阻挡他们的道路，他们不会找借口。

事实上，我相信在中国，人们最常说的一句话就是："没问题。"你让面包师傅给你建一艘火箭飞船，他都会回答："没问题"。你问鞋业制造商能不能帮你定制一个橱柜，她的回答也一样："没问题"。如果你有任何生产方面的需求，整个国家都会对你说："没问题。"我喜欢听到这句话。

然后，他们就会从早到晚齐心协力地工作以确保任务完成。似乎中国13亿人都能和睦相处，然而在美国，你根本不可能让50个人呆在同一间屋子里，还期待他们和平相处！

他们花小钱办大事

虽然美国人无法想象没有汽车的日子，但许多中国人是没有自己的汽车的。在城市里，每个月车位的停车费可能高达200美元，因此购车是一个重大的决定。

然而这并不会妨碍中国人的出行。他们有太多选择了！假如你在中国旅游，你会看到各种类型的自行车：两轮的，三轮的，四轮的，还有电动的。

事实上，如今大城市的交通如此拥挤，对大多数人而言，骑自行车或者摩托车更方便。而很多年轻人可能连自行车或者摩托车都没有，他们就会乘坐地铁或者巴士。在广州市区，摩托车被禁止上路。人们依靠地铁、公交、出租车或优步（Uber）出行。可是在每个小村庄或小城市，你都会看到很多摩托车。每个人都开着摩托车，没有人抱怨自己没有汽车。他们并不抱怨自己缺少什么，而只是利用他们已经拥有的资源。

我在小村庄发现了一辆年代久远的卡车

人人都乐于助人

有一天，我正在一个村子里面散步，一名女清洁工正拖着垃圾车清理街道上的垃圾。当她经过的时候，一个大约三岁的小女孩向她跑去，并把一个垃圾篮递给她，让她清空里面的垃圾。通常情况下，城市都非常干净。

这就是中国人的处事方式：他们共同协作完成工作。在中国，我所到之处都令我印象深刻，我很开心遇到中国人并与他们交谈。

广州的饭店

由本地农民打理的菜地

中国制造，品质优秀

1999 年，我在中国的第一位朋友冯先生

每次去广州都看到更多的高楼拔地而起

非常善良的中国人，工作非常勤恳

村庄里开设的小工厂

在我朋友包先生的广州厂房内

在广州的一家印刷公司里，我的朋友徐先生，以及他的员工们

1998 年，我把自己的游艇命名为“No Problem (没问题)”

小型卡车搬运少量砖块

来自中国的 3D 打印机，质量上乘

我的第一家 3000 瓦激光器工厂

另外一家大型中国工厂

中国的电动推车

我以低于原价 70% 的价格购买了金属剪切机

中国放在一起的快递

神奇的电动手推车，在美国没有

了不起的技工

新工厂里的新熔炉

1999 年，我第一次去中国天津

在中国，随处可见团队合作

每日货物递送中转站

大厦起火，在碎石下发现稀有钱币

第八部分

勇往直前

如果一切都不是非白即黑，那我要说“见鬼，为什么不是这样？”

——约翰·韦恩

第 37 章

远离灰色地带

赚钱的方法有很多，有一些是合法且合乎道德标准的，有一些是非法或不合乎道德标准的，还有一些方法虽然合法且合乎道德标准，但依然会损害你的声誉。我不止一次犯过这样的错误。更糟糕的是，这是在我使用合法且合乎道德标准的方法且保持善良的情况下发生的。然而，我还是进入了灰色地带，我给你说说其中的一次经历吧。

当时有些人来找我贷款。一开始，我会以大局为重，考虑各种可能性。假如我认为贷款并不能帮助对方改善财务状况的话，那么我不会借钱给他。

不过这次，我相信只要他们采取正确的策略，我的贷款就能够帮助他们改善经济状况。我草拟了一份合同，里面清楚地写着还款条约。合约同样说明了他们需要提供给我的担保物。我们一起检查了合约，然后他们就签约了。

目前为止，我们的关系都发展得很顺利。在需要我借钱给他们的时候，他们态度友善且和蔼可亲。

但是，当到了还款的日期时，这些“和蔼可亲”的人开始躲避我。我决定变通一下，尝试帮助他们找到偿还的方法。

然而最终，我别无选择，只好执行合约，要求他们交出担保物的所有权。

突然间，这些“友善”的人变得很不舒服。虽然他们签了合约并决定把个人物品作为抵押物，但是在我执行合同的时候，他们似乎看起来很震惊。他们告诉家人和朋友我是个可怕的人，因为我侵犯了他们的生活。当然他们从未把整件事完完整整地告诉别人，也不曾对自己的决定负责。

我想做的只是帮助他们，以及“拯救”我的银行账户。我从来没有想过要破坏我们之间的关系。直到今天我对搞砸这件事依然感到很遗憾。

这就是我不再贷款给别人的原因，它会让我置身于灰色地带。我认为我这样做是明智的，因为我若是不以利息或利益为目的贷款给他们，他们就会向别人贷款，但是我的声誉在很多时候还是受损了。这对我来说是不值得的。

想象一下你的朋友或者家庭成员从你那借了几块钱但从没还给你。不好受，是吧？我想这件事会改变你对那个人的看法。你可能因为欠朋友和家人的钱而和他们发生过不少争执，这可不是什么有趣的事情。通常，你的善意适得其反，而这也损害了你的声誉。

在生意场合，声誉就是一切。早在你告诉买家为什么他们应该和你做生意之前，他们就已经听闻过你的名声了。你的名声越好，他们越愿意和你做生意，而且还会把别的客户引荐给你。

生产一种性能好且耐用的产品会带给你好名声，你的待客之道也会影响你的声誉，影响声誉的因素不计其数。

贷款给别人有巨大的消极影响。它会损害人们之间的关系以及信誉。即便是借一点钱，一旦出现差错都可能摧毁你用几年时间才建立起来的信誉。灰色地带不值得你去冒额外的风险。

每一个灰色地带都一样。拥有崇高的职业道德可以使企业变得更强大。当你的餐厅因优质的食物、干净的环境、妥善的管理，以及打扮和举止都很得体的服务员而闻名时，你的餐厅就会从顾客口中传播出去。如果你把他们招待好，他们自然会再次光顾。

而这就是你在经济萧条时生存下来的方法——拥有一群希望你成功的本地客户。

同时，试图走捷径的人最后只会进退维谷。这些人把他们的公司建立在一个摇摇欲坠的基础上，一旦经济衰退，他们的公司就会支离破碎。即便走捷径成功，他们通常也只会在经济景气的时候经营顺利。一旦经济形式发生变化，他们只有靠那些数量极少的满意的顾客持续推荐新客户来帮助公司渡过难关。

制造产品时偷工减料会导致质量低下。如果你运营的餐厅里，食物很一般，环境又不够干净，那么你的客户就会流失，而你也被指责违反了健康与卫生方面的要求。人们再也不会被这个开着豪车，穿着华丽且戴着名表的人给愚弄了。顾客需要事实，他们会调查你的名声。任何人都可以找到逮捕记录、法律诉讼、离婚信息、破产信息以及其他任何信息。如果你的产品性能和你广告上描述的不符，这就会产生负面的公众宣传。

踏入灰色区域可能会危及你一生的积蓄、名誉或退休生活。辛勤工作，诚恳做人，远离灰色区域，这才是有效的方法。

我宁愿投资给一位曾经失败过的企业家，也不投资给第一天就以为自己会成功的人。

——凯文·奥利里

第 38 章

在错误中成长

我在前面的一章中提到，有一次我忘记购买合适的保险，结果造成了价值 125,000 美元的损失。这本书建议人们运用常识来做出明智的商业决策，而我竟然在这本书里坦诚自己曾铸成大错，这似乎很难理解。事实是：人人都会犯错误。例如，百视达（Blockbuster）曾几次拒绝购买网飞（Netflix）；墨西哥湾的一个石油钻塔沉没，引发了英国石油公司的泄漏事件；搜索引擎 Excite.com 曾拒绝以 750,000 美元收购谷歌。

犯错之后很容易迷失自我，不过有一个好的方法，一个可以帮你走得更远的方法，就是你把每一个错误想象成一个为你指向正确方向的路标。成功者与失败者之间的不同之处是成功者会从自己和他人的错误中吸取教训。

我总是不隐瞒自己的失败经历，因为我认为失败的经历会帮助我和其他企业家走对路，或者在错误发生后重新回到正轨。

假如你偏离了正轨，试着不要对自己发火。要记住即便是经验丰富的商人也会犯一些大的错误。有太多人经历过一次失败之后会说“好吧，那不起作用”，然后便陷入尴尬的处境。

当你尝试过但是结果不理想时，没必要让你的自尊遭受打击。相反，尝试不同的方法。不要一直冒相同的风险，这只会使你陷入更加尴尬的境地。做出一些改变然后再次尝试，直到你找到可行的方法。

要记住爱迪生在发明灯泡时说过的话："我失败了 700 次，而我成功地证明了 700 种方法不管用。当我排除了不奏效的方法，我就能找到有效的方法。"下面是我犯过的错误，我希望你能从中学到一些东西。

入不敷出

你向顾客收取的费用应该平衡两方面，根据当前的市场汇率，制定的价格要合理，另外，这个价格又能让你满足自己的需要并让你觉得自己的付出有所回报。

无论何时投标，你都要精确地了解到底需要赚取多少利润才能维持管理费用以及保证你自己那份丰厚的薪水。当企业家极度希望增加销量时，他们就会降低销售价格以削弱竞争——目的仅仅是为了得到一笔存款，一笔他们希望随着时间推移会增加的存款。然而，当利润不复存在时，资金用于缴纳大量的电费、材料费以及人工费后所剩无几。

即使他们的存款确实增加了，就那微薄的净利润，他们也几乎等于到了拆东墙补西墙的地步了。

也有一些更简单的赚钱方法。我的建议是，在美国的公司找一份固定的工作也比经营利润微薄的生意要好。要记住，赚钱是做生意的重大目的。每笔销售都要得到可观的利润以弥补支出。与其降低销售价格，还不如把你的产品做得更好，以至于人们不得不去购买。然后你就可以卖个好价钱，过上滋润的生活。

流动资金不足

每桩生意都会遇到情况较差的月份。有时候，顾客不会及时付款，甚至根本不付款。只要一个顾客没有付清价值 15,000 美元的账单，你就会深陷麻烦。你需要在银行备一些活期存款。要想避免流动资金不足这个错误，就把收入的百分之十存起来，这样当生意不好的时候还可以维持经营。

超支

只在你的承受范围内进行消费。要留心生意上的所有支出，从租金到员工薪水。做好预算和严格执行预算一样重要。无论你做什么生意，无论你做了多久生意，花的钱不超过所赚的钱，这是未来能够持续营业的真正秘密。

在我们继续说下去之前，我想说明一个事实，即每一行业都是需要冒险的，但是这个事实却经常把人们从追求梦想的途中吓跑。当你对自己当前所做的冒险感到不安时，提醒自己，冒险是每个人生活的一部分。

当你手握方向盘准备开车去上班的时候，你总会承担遇上车祸的风险。然而你不会因为恐惧而驻足不前。相反，你打理日常生意的时候不会担心可能发生的风险。你知道永远都无法消除风险，但是你可以控制它。你小心地驾驶，要让你的车胎和车刹一直保持良好的性能。

通过做出合理的决定，你减少了意外发生的可能性。风险控制同样也是做生意的一个重要部分。冒预期风险，你才最有可能得到回报。像往常一样，你要懂得何时止损。

企业只有不断改良其产品，既满足今天当前的需求又满足明天潜在的需求，才可能获得成功。

——哈维·费尔斯通

第 39 章

觉悟和改变

我庆祝成功的一种方法，就是布置我的房子。当我知道自己已经有足够的积蓄做这件事时，我就会开心地为我的住宅购置精美的艺术品和家具。我时不时地会从一位经营商店的朋友那里购入台球桌，他的店还出售飞镖板、游戏室套件等商品。

有一天，我去光顾这家店时，我注意到这位朋友看起来很焦虑，他告诉我，他的生意惨淡，还坦白他已经拖欠租金了。随着聊天深入，我意识到他需要缩小生意规模。他的商店由三间相连的店铺组成。而且，尽管他的店在同一地点经营了 25 年，可他的邻居却从中产阶级变成中产阶级下层，由于经济下滑，许多家庭都没钱购买奢侈品。

我建议他放弃两间店铺以降低管理费用，减少存货，那样就可以在一间店铺里展示所有货物。

幸亏他听了我的建议，渡过了这次经济衰退的危机时期。后来，他和一位房东达成协议，在一条繁华的街道开了第二间店，周围的居民都有着中高水平的收入。新的陈列室看起来很高端，新的顾客马上就被吸引住了。直到今天，他还在做生意，而他周围是一个人流不断、桌球玩家众多的社区，他的生意日益兴隆。

和我朋友一样，你的生意要做下去，就要了解周围的社区、所在的行业，以及国家层面发生的变化。万物皆在变化。人们总会有新想法、新发明。你必须紧跟变化趋势，否则最新的潮流会把你抛在后头。你可以问问的士公司，优步（Uber）多么迅速就吞掉了巨大的市场份额。

餐厅是另一个好的案例，尤其是那些经营了长达20年甚至30年的餐厅。即使只是应对正常的起伏，很多餐厅都发现，久而久之，他们的整体销售额都下滑了。透过你最喜欢的一家餐厅的窗户往外看，你就会明白为什么会这样了，因为其他餐厅也搬到附近了。随着餐厅的数量增加，每间餐厅的顾客数量就会减少。

如果你运营的餐厅卖的食物是20世纪60年代或70年代的菜肴，那么你就错过了餐饮业最新的潮流。我一个朋友就这样尝试过。他经营的一家传统墨西哥餐厅的销售额曾慢慢地下滑。当他来寻求我的意见时，我想，Baja Fresh、 Chipotle，还有Rubio这些餐厅生意好的原因是人们越来越关注健康问题并避免吃油腻的墨西哥菜，转而选择新鲜和健康的原料。

无论在哪个行业，你都可以选择无动于衷地旁观局势的发展，或者紧跟潮流，推陈出新，创造出吸引新顾客的东西。

以麦当劳为例。20世纪40年代，麦当劳在一开始是一个烧烤餐厅。不到十年，它变成一家汉堡包店。但是他们并没供应早餐。随着时间推移，人们工作的时间变长，做饭的时间变少，在吃饭方面想要更多选择。麦当劳进行改革，增加了一套完整的早餐菜单。但它们不止步于此。当美食家冰咖啡变成一个热趋向的时候，麦当劳推出麦当劳咖啡店，供应咖啡、摩卡咖啡、热巧克力以及类似的东西。麦当劳知道，尽管人们对美食家咖啡的需求在不断上升，很多人不想花高价去星巴克消费，于是麦当劳咖啡店把目标定为在追求性价比的顾客。这个策略成功了。

随着人们越来越关注健康问题，麦当劳又改进了他们的菜式，他们的儿童餐不再卖薯条和汽水，转而卖苹果片和牛奶。还增加了沙拉的种类以供选择，还在甜点菜单上添加了酸奶和水果。

最近，在销售额经历了连续几个季度的下滑之后，麦当劳再次变革，他们现在全天供应早餐。早点套餐需求一直都很大，在以前，工作日早上 10 点 30 分，麦当劳就停止销售早餐了，在周末则在上午 11 点停止销售早餐。然而，由于顾客不再像以前一样花钱吃午餐和晚餐，麦当劳调整了它的餐单，全天供应早餐。

麦当劳的CEO——史蒂夫·伊斯特布鲁克以及研究新措施结果的市场调查小组表示，前期的迹象表明这个策略奏效了。

和麦当劳所在的行业一样，你所在的行业也会改变。大多数行业都应该预料到每 7 年到 10 年就会发生一次改变，但是改变可能来得快也可能来得慢。在新的技术、新的生产方式、风格以及装潢风格引导下，改变势在必行。

事实上，要在观念和变化上与时俱进，最重要的部分就是翻修。可以问问房产经纪人，他们会告诉你，业主的需求和愿望多年来一直在改变。20 世纪 20 年代建的房子有更多房间，以容纳住在一起的几代人。而今天的家庭把墙壁拆了的目的是形成一个宽敞的内部格局。房间也更少，这样家人之间会感到联系更紧密。如果业主翻新房子以追上现代潮流的话，房子的价值就会上升。在同一社区的两间相同的房子会卖出不同的价格，原因是一间改造了，而另外一间还是保持了三十年前的样子。

做生意也是同样的道理。外形好看、给人留下好印象的东西就会吸引人的注意。你那典雅舒适的现代化办公室，给顾客留下了这样一种印象，即你知道如何保持走在行业的前沿。由于顾客喜欢从那些看起来精通自己所从事的行业的人那里买东西，所以顾客会被成功的外化形式所吸引。无论是找会计、律师，还是保险经纪人，但多数人都会选择看起来可以租得起一间高档办公室的人。事实上，大多数人都不会自找麻烦去核查一位会计，律师或者经纪人的教育背景和个人历史，他们只会猜想，如果律师可以付得起好房子的房租，他就有一定的能力。

这是领先你的竞争对手的一个简单方法。让其他公司不去翻修，从而看起来产品过时，让他们不去读行业的杂志。另一方面，你却明白这无需花多大的功夫就可以领先于其他的竞争对手。

在今天的商业世界，要成功，你必须保持警惕。随着全球化把我们联系得更紧密，竞争也越来越大。要跟上变革的脚步，首先你必须知道什么在变革。这就是为什么我强调平时要多做功课。当你走出去研究你所在的行业，你就会遇见新的人，并听到有关他们创新的故事。去参加贸易展览会，你就会明白什么是最佳做法、新想法、工具、广告，等等。

问问人们，他们一直都想做的事情是什么，而大多数人却还没做。这个事实实在令我伤心。

——安吉莉娜·朱莉

第 40 章

筹备退休计划

我的一个朋友，70 多岁，住在一套价值 500,000 美元、无贷款的房子里。她在棕榈泉还有一套房子，还买了价值五百万美元的股票。她工作了大半辈子，生活一直节约，凡事能省就省。

她是我一家餐厅的常客，后来我们变得很熟络。我一直都很喜欢听比我年长的人说的话。渐渐地我每次想起她就有一种家人的感觉。后来她邀请我去她家做客，在她的客厅我这注意到有一台笨重的 19 英寸电视机。

“看起来是时候该升级一下了。”我对她说，并建议她买一台等离子电视。

“我宁愿省下钱做投资也不愿花钱，”她说，“这一直是我取得成功的方法。”

我明白她的意思，但是她都努力工作了那么多年也做出了适当的牺牲，难道还不能享受她赚的钱吗？

我带她去了百思买，并说服她现在是时候该享受生活了。离开的时候，她花了 3,500 美元，买了一台 50 英寸的等离子电视。

我绝不会建议 20 多岁的人去购买如此昂贵的电视机，但是我的这位朋友为什么不买一台呢？是的，看起来是贵得有点过头，但是你猜猜结果怎样？她简直惊呆了，电视机的环绕音效让她感觉自己最喜欢的电视节目就像发生在面前一样。

接下来的一个星期，她淘汰了自己的旧电脑，买了一台苹果公司最好的电脑。苹果公司天才吧的一位雇员为她展示了所有新功能。能用新电脑如此轻松地浏览网站，她感到十分兴奋。

然后我说服她做这件事，以取得内心的安宁：把钱从股票市场取出，存入银行，并开始使用这些钱。风险降低了，她便不用担心未来会发生什么不测，因而可以放心地花钱了。

在海边，我为自己定制、修建的游艇

抽空与我的朋友罗杰和查尔出去游玩

我修复过的 1934 款劳斯莱斯

我的新款劳斯莱斯 Phantom

每年我都会设计自己的豪华轿车

我另外一个朋友是加州的一位顶尖级设计师。在工作多年以后，她终于能够还清她价值六百万美元豪宅的贷款，还能存下几百万美元。但是每当我和她聊天，她似乎都对自己的投资感到不安。

我不是理财顾问，而且你也理所应当地做好了自己的工作，在做任何决定之前，应该征求专业建议。不过我想说的是：股票市场让我很不安，因为风险太大了。而退休了的人就不必要让自己为这事烦恼。

是时候把钱撤出股票市场，存进银行，然后给自己放个假。乘坐豪华游轮，花时间和家人一起，享受金钱带来的一切。

只要你有时间，是时候做你一直想做的事了。等到了那天，你的心境应该是平和的。当你退休了，你就不要担忧股市的波动，你应该远离因为股票起伏而持续遭受的压力。

我的定制甲板船沙发

为退休存钱

毫无疑问，你有权利享受你的钱了。大多数人都不为自己的退休日子做计划，所以他们没有这个权利。好消息是如果懂得用钱生钱，人人都可以风风光光地退休。我认识一个人，他一辈子都在纽约工作，一小时赚的钱从没超过 14 美元。但是退休的时候他是个百万富翁，因为年轻的时候，他买了一套双层公寓，他住在一边，然后把另一边出租。

我的定制哈雷大道滑翔

房地产是为退休存钱的最好办法之一。买一间房子，然后租出去，用别人的钱来付清这所房子的贷款，等到退休那天还有收入，实在是个好方法。

当然，生活中并不是事事有保障，投资房地产需要你做大量的研究和调查。我的想法是，想舒舒服服地退休，你不用在银行存五百万甚至一百万美元。如果你能够把握自己的节奏，量入为出，让你的钱发挥作用，也就可以舒舒服服地退休，而不用等到风烛残年之时还要靠做服务员来维持生计。

在卡波体验退休生活

通过做计划，让自己处于有利的位置。把收入的 20% 存起来，找个好门路做投资。可选择的投资方法有很多，一些真正优秀的理财专家也可以为你提供帮助。只是要记住，何时退休由你自己决定。

不要等待完美的时机。你永远都等不到。利用你所拥有的时间，并让它变得完美。

——戴梦得·约翰

结 语

创业是人一生中最重要的决定之一。进行如此重大的冒险，摆在人们的面前是充满艰辛的征途。

然而，当你看到了利润，而且利润源源不断，甚至越来越多时，说明你的生意正朝着一个运行良好、基础扎实的方向发展，因此，很多人都会受益。

成功简直就像天堂一般美妙。

然而，我作为商人走过的漫长道路并不是一帆风顺的。生活有太多不可预知的情节，当我想尽我所能的时候，事情并不像我想要的那样发生。有时候，无论我多努力，有些生意并不像预想的那样顺利。这些生意总是令我很苦恼。然而无论我遇到什么事，我总会尽量善待他人，并做力所能及的事，让每个人都从中受益。

经历了一次次冒险，犯了一个个错误后，我仍然在经商，而且我依然在学习。我希望我和你分享的个人经历能够帮助你跳过这些艰辛的教训，这些教训是我曾经历了无数艰难困苦才学到的。

现在，你是时候为自己的梦想拼搏了。

相信自己，勤做功课，利用你的常识，然后看着你的梦想把你带去你从未想象过的远方。我希望有一天能听到关于你所获得的惊人成就。

Caso Tory 家具商店，位于亚利桑那州

我的 Caso Tory 商店室内部

我的 Caso Tory 商店室内部

完整的送货服务

商业语录

富人玩金钱游戏目的是赢。穷人玩金钱游戏是为了不输。

——哈维·艾克

在做艰难的事情时，成功者和失败者将被分离开来。

——史蒂夫·理查兹

金钱和成功不会改变一个人；它们只是放大了这个人本来具备的品质。

——威尔·史密斯

只有在华尔街才有坐劳斯莱斯的人问坐地铁上班的人如何投资的怪事。

——沃伦·巴菲特

永远不要问理发师你是否需要理发。

——沃伦·巴菲特

要么你追着时间跑，要么时间追着你跑。

——吉米·罗恩

毫无时间计划的目标只是一场梦。

——罗伯特·赫贾维奇

归根到底，你要找到自己感兴趣的事情，然后出色地完成这件事。

——马克·库班

看着优秀的企业家追逐平庸的机会，着实让人心痛。

——凯文·奥利里

工作中要勇于冒险，投资时要谨慎小心。

——罗伯特·赫贾维奇

请确保你选择优秀的人与你共事，因为你是否成功，80% 都取决于他们。

——芭芭拉 · 科克兰

追随梦想，而不是金钱。

——马克 · 库班

艰难困苦并不会持续太久，而坚强的人却总是走到最后。

——罗伯特 · 赫贾维奇

企业家愿意每周工作 80 小时，以避免每周工作 40 小时。

——洛丽 · 格林尼

无论你做什么，都要做到与众不同。如果你与众不同了，你就会脱颖而出。

——安妮塔 · 罗迪克

悍马高尔夫球车

悍马高尔夫球车

附　录

公司实体类型

1. 独立经营公司。这是默认的组织类型。如果你自己创业，不用填写什么公司文件，你就算一个独资经营者。公司所有的决策，你都有控制权。公司的经营资金和你的个人财产是混合在一起的。所有的利润都直接进入你的腰包，账单也直接摆在你的桌面上。虽然这是最简单的运作组织，但是你的全部个人资产都会承担风险。如果你开的是一家快递公司，假如你的一个司机出车祸了，别人就会控告你，向你索赔损失，把你的个人银行账户、房子、汽车都拿走。一般来说，通过公司合并来保护自己的财产会更好。

2. 股份公司（也叫做 C 型公司）。该类公司的基本理念是公司实体与其所有者相分离，你的个人财产受到有限责任的保护，免于承担公司风险，不对公司的债务承担责任。公司是一个独立的实体，拥有自己的银行账号和财产。别人可以控告公司，但是只要你的股份公司结构合理，他们就不能触碰你的个人财产。毕竟你拥有的是你自己的房子和车，而不是公司的。

C 型公司通过卖股票集资。资金流入公司，税则由公司支付。在给股票持有者分配利润之前，公司需要给包括你在内的员工支付薪水。这就导致公司双重纳税，不仅公司要对分配的利润交税，而且股东个人也要交纳个人红利的税款。

为符合规定，C 型公司必须定期召开会议并做会议纪要。只有详细说明这笔钱是用于必要的商业开支后，这笔钱才可以从银行账户中提取出来。换而言之，C 型公司比起独立经营公司会产生更多的文书工作。

3. S 型公司。S 型公司的设计是为了让小企业的股东避免股份公司的双重纳税问题，同时他们还受有限责任保护，不承担公司的责任。利润通过公司流入股东腰包，股东自己交纳个人所得税。股东人数不能超过 100 个，不像传统公司，可以拥有成千上万个股东。

不过 S 型公司依然具有典型的股份公司具有的额外的文书工作以及复杂的行政制度。

4. 有限责任公司。LLC 指的是有限责任公司，它们依然保护公司财产却几乎没有额外的文书工作。它也避免了双重纳税，因为利润通过有限责任公司直接流入到公司所有者的个人所得。这是美国最流行的一种公司形式。房地产投资者尤其喜欢这种公司形式，因为他们想通过建立有限责任公司来拥有土地。

5. 有限责任合伙公司。这类公司是专门为律师、工程师、医生、会计、建筑师以及其希望简化公司结构的人士设计的。有限责任和有限责任合伙最大的区别在于公司业务的专业性。有限责任合伙还要求额外购买职业过（例如，律师没有尽职调查、医生被病人起诉，等等。）

银行缩略语和财务缩写词

CAGR	Compound Annual Growth Rate 复合年增长率
CAPEX	Capital Expenditures 资本支出
COB	Close of Business 停业
EPS	Earnings Per Share 每股收益
LLC	Limited Liability Company 股份有限公司
MTD	Month-to-Date 本月累计
NAV	Net Asset Value 资产净值
NCND	Non-Circumvent and Non-Disclosure 非规避和非披露
NDA	Non-Disclosure Agreement 保密协议
P&L	Profit and Loss 盈亏账目
P/E	Price-to-earnings ratio 本益比
QTD	Quarter-to-Date 季初至今
ROA	Return on Assets 资产利润
ROCE	Return on Capital Employed 已占用资本回报率

ROE	Return on Equity 净资产收益率
ROI	Return on Investment 投资回收率
ROIC	Return on Invested Capital 投资回报率
RONA	Return on Net Assets 净资产回报率
ROS	Return on Sales 销售利润率
SIV	Structured Investment Vehicle 结构性投资工具
TSR	Total Shareholder Return 股东总回报
WC	Working capital 营运资本
YTD	Year-to-date 本年迄今

任何形状都可以做成商标

各种各样的广告牌被引入美国